Friedrich Koch, Eugen Wilhelm

Linguistische Allotria

Laut-, Ablaut- und Reimbildungen der englischen Sprache

Friedrich Koch, Eugen Wilhelm

Linguistische Allotria
Laut-, Ablaut- und Reimbildungen der englischen Sprache

ISBN/EAN: 9783743694118

Hergestellt in Europa, USA, Kanada, Australien, Japan

Cover: Foto ©Thomas Meinert / pixelio.de

Weitere Bücher finden Sie auf **www.hansebooks.com**

Linguistische Allotria.

Laut-, Ablaut- und Reimbildungen

der

englischen Sprache

von

Prof. Dr. Friedrich Koch.

Nach dem Tode des Verfassers herausgegeben

von

Dr. Eugen Wilhelm.

Zweite Ausgabe.

CASSEL.

George H. Wigand.

Cassel. Druck von H. Fränkel & Co.

Vorrede.

Bereits vor zwei Jahren hatte der um die englische Grammatik hochverdiente Professor Dr. Friedrich Koch den Plan gefasst, das, was er im ersten Theile des dritten Bandes seiner historischen Grammatik der englischen Sprache unter der Rubrik „Lautnachahmungen" auf wenigen Seiten kurz und gedrängt behandelt hatte, in einer besondern Schrift weiter auszuführen und vollständiger darzulegen. So entstand vorliegende Arbeit, die letzte meines für die Wissenschaft, wie für die Schule zu früh verstorbenen Freundes, welche unter dem vom Verfasser noch auf dem Sterbebette bestimmten Titel: „Linguistische Allotria. Laut-, Ablaut- und Reimbildungen der englischen Sprache" jetzt erscheint. Betraut mit der Herausgabe des wenn auch im Ganzen abgeschlossenen, doch etwas eilfertig geschriebenen Manuscriptes, an das der Verfasser die letzte bessernde Hand, wie er sehnlichst wünschte, nicht mehr zu legen vermochte, hatte ich mir zwar zur strengen Pflicht gemacht, so

unverändert als möglich dasselbe zum Abdruck zu
bringen, war aber doch eben wegen der Beschaffenheit
des Manuscriptes genöthigt, im Einzelnen manches
Fehlerhafte zu verbessern und manche Weglassung zu
ergänzen, so dass kaum eine Seite von Aenderungen
frei geblieben ist. Die benutzten Quellen, deren Angabe
gänzlich fehlte, habe ich, soweit ich nachkommen konnte,
in einem alphabetisch geordneten Verzeichniss aufgezählt.
Besonders habe ich mich bemüht, für möglichste Cor-
rectheit des Druckes Sorge zu tragen, was bei dem
reichen, aus so vielen Sprachen und Dialecten ent-
lehnten Material keine leichte Aufgabe war. Sollte
dennoch hie und da ein Fehler stehen geblieben sein,
so bitte ich dies entschuldigen zu wollen. Wesent-
liche Unterstützung bei Herausgabe dieser Schrift
verdanke ich meinem Freunde, Dr. Reinhold Köhler
in Weimar, der mir nicht nur werthvolle Bemerkungen
zukommen liess, sondern auch die Güte hatte, die
Revisionsbogen einer Durchsicht zu unterwerfen.

Eisenach, am 25. November 1873.

Eugen Wilhelm.

Inhaltsverzeichniss.

	Seite
Vorwort	III—IV
Erklärung der Abkürzungen, Angabe der Quellen	VII—XII
Einleitung	XIII—XXIV

I. **Lautbildungen** . . . . 1—57
   A. Mit auslautenden Vocalen . . . . 1—5
   B. Mit auslautenden Liquiden . . . . 5—23
   C. Mit Zischlauten im Auslaute . . . . 23—30
   D. Mit Mutae im Auslaute . . . . 31—43
   E. Mit auslautenden Dentalen . . . . 44—48
   F. Mit auslautenden Gutturalen . . . . 49—57

II. **Ablautbildungen** . . . . 58—71
   A. i—a . . . . 58—70
   B. i—o . . . . 70—72
   C. e (ee, ei, ea) — a (ai, au) . . . . 72—73
   D. u (ew) — a (aw) 73
   E. i—e 74

III. **Reimbildungen** . . . . 75—91

Verbesserungen.

Seite	Zeile	lies		Seite	Zeile	lies
1,	12	Brock.		34,	20	llab.
3,	19	ndl. statt belg.		34,	35	Durh.
7,	25	Wal.		36,	23	Lay.
10,	24	grymian.		39,	5	clepai.
14,	30	yspincyn.		43,	32	chwiffio.
17,	20	Brock.		48,	15	trydaru.
25,	5	hoscht.		51,	2	heftig schlagen.
25,	34	sost.		52,	29	got. statt pol.
30,	11	chwistrell.		59,	18	Wh. 20.
30,	12	chwistrellu.				

Erklärung der Abkürzungen und Angabe der Quellen.

1) Bezeichnung der Sprachen.

aags.	=	altangelsächsisch.	*lat.*	=	lateinisch.
ae.	=	altenglisch.	*lett.*	=	lettisch.
afries.	=	altfriesisch.	*litt., lith.*	=	lithauisch.
afrz.	=	altfranzösisch.	*lüb.*	=	lübeckisch.
ags.	=	angelsächsisch.	*me.*	=	mittelenglisch.
ahd.	=	althochdeutsch.	*mhd.*	=	mittelhochdeutsch.
alem.	=	alemannisch.	*mlat.*	=	mittellateinisch.
altn.	=	altnordisch.	*ndd.*	=	niederdeutsch.
altnordh.	=	altnordhumbrisch.	*ndl.*	=	niederländisch.
alts.	=	altsächsisch.	*ne.*	=	neuenglisch.
bair.	=	bairisch.	*nfrz.*	=	neufranzösisch.
böhm.	=	böhmisch.	*nhd.*	=	neuhochdeutsch.
bret.	=	bretonisch.	*norm.*	=	normannisch.
dän.	=	dänisch.	*parm.*	=	parmesanisch.
dauph.	=	Sprache der Dauphiné.	*pic.*	=	picardisch.
elsäss.	=	elsässisch.	*piem.*	=	piemontesisch.
erzgeb.	=	erzgebirgisch.	*port.*	=	portugiesisch.
frz.	=	französisch.	*prov.*	=	provençalisch.
gäl.	=	gälisch.	*schwäb.*	=	schwäbisch.
got.	=	gotisch.	*schwed.*	=	schwedisch.
gr.	=	griechisch.	*schweiz.*	=	schweizerisch.
hamb.	=	hamburgisch.	*schott.*	=	schottisch.
hannov.	=	hannoverisch.	*skrt.*	=	sanskritisch.
holl.	=	holländisch.	*slav.*	=	slavisch.
illyr.	=	illyrisch.	*sp.*	=	spanisch.
ir.	=	irisch.	*thür.*	=	thüringisch.
isl.	=	isländisch.	*tir.*	=	tirolisch.
it.	=	italienisch.	*wal.*	=	walisch.
kslav.	=	Kirchenslavisch.	*wall.*	=	wallonisch.
kymr.	=	kymrisch.	*westfäl.*	=	westfälisch.

2) Bezeichnung der englischen Dialecte.

Aberd.	= Aberdeenshire.		*Lanc.*	= Lancashire.
Ayrs.	= Ayrshire.		*Leeds.*	= dialect of Leeds.
Bedf.	= Bedfordshire.		*Ledc.*	= Ledcestershire.
Beds.	= Bedfordshire.		*Lonsd.*	= dialect of Lonsdale.
Bffs.	= Banffshire.		*Midl. C.*	= Midland Counties.
Berks.	= Berkshire.		*N.*	= North.
Berw.	= Berwickshire.		*NHampt.*	= Northamptonshire.
Bucks.	= Buckinghamshire.		*NHants.*	= North Hants.
Chesh.	= Cheshire.		*NHumb.*	= Northumberland.
Cl.	= Cleveland.		*Norf.*	= Norfolk.
Clydes.	= Clydesdale.		*Oxon.*	= Oxfordshire.
Co.	= Cotswold.		*Renfrews.*	= dialect of Renfrew.
Cornw.	= Cornwall.		*Sc.*	= Scottish.
Cr.	= Craven.		*Shrops.*	= Shropshire.
Cumb.	= Cumberland.		*Som.*	= Somersetshire.
Derb.	= Derbyshire.		*South.*	
Dev.	= Devonshire.		*Staff.*	= Staffordshire.
Dors.	= Dorsetshire.		*Suff.*	= Suffolk.
Dumfr.	= dialect of Dumfries.		*Surrey.*	
Durh.	= Durham.		*Suss.*	= Sussex.
EA.	= East.		*Teesd.*	= Teesdale.
Ess.	= Essex.		*Teviotd.*	= Teviotdale.
Exm.	= Exmoor.		*Tweed.*	= Tweeddale.
Fife.	= dialect of Fife.		*Var.*	= Variae dialecti.
Glouc.	= Gloucestershire.		*Warw.*	= Warwickshire.
Hants.	= dialect of Hants.		*West.*	.
Heref.	= Herefordshire.		*Wcumb.*	= Westcumberland.
Hfa.	= Halifax.		*Westm.*	= Westmoreland.
Hlm.	= Hallamshire.		*Wilts.*	= Wiltshire.
Kent.			*Worc.*	= Worcestershire.
Lanarks	= Lanarkshire.		*York.*	= Yorkshire.

3) Literatur und Wörterbücher.

Akermann, Glossary of Words in use in *Wiltshire*. London 1842.
Alis. = Kyng *Alisaunder*, in Weber's Romances, Vol. I.
Allit. = Early English *Alliterative* Poems in the West-Midland Dialect of the XIV century. Ed. by R. Morris. London 1864.
Ar. = The Ancren Riwle, edited by J. Morton. London 1853.
AR. = Adrianus and Ritheus, in Anglosaxonum poetae atque scriptores prosaici, ed. L. Ettmuellerus. Quedlinb. et Lipsiae 1850.

Erklärung der Abkürzungen und Angabe der Quellen.

Ash. = John *Ash's* Dictionary of the English Language. London 1775.
Atkinson, Glossary of the Cleveland Dialect. London 1868.
Aron, Folk-Song and Folk-Speech of Lancashire. Manchester.
Ayenb. = Dan Michel's Ayenbite of Inwyt or Remorse of Conscience. In the Kentish Dialect, 1340. A. D.' Ed. by R. Morris. London 1866.
Bac. = Bacon's Naturalis Historia.
Bailey = Nathan Bailey's Etymological English Dictionary (2. edit.). London 1723.
Bamford, The Dialect of South Lancashire, with Glossary. 2. ed. London 1854.
Baret = John *Baret* Alvearie or Quadruple Dictionarie, English, Latine, Greeke, and Frensh. London 1580.
Barnes, W., Hwomely Rhymes. Poems in Dorset Dialect. London 1859.
Bosw. = A Dictionary of the Anglo-Saxon Language. By J. Bosworth. London 1838.
Brock. = Brockett's Glossary of North-Country Words. 2 vol. 3. edit. Newcastle 1846.
BW. = Bremisch-niedersächsisches Wörterbuch. 5 Thle. Bremen 1767 bis 1871.
Camden, William.
Carr, The Dialect of Craven in the West-Riding of the County of York, with a copious Glossary. 2 vol. 2. ed. London 1828.
Cath. = Catholicon Anglicum, MS. Siehe Halliwell's Dictionary. II. 955.
Caxton, William.
Ch. = *Goffrey Chaucer.* London 1841. (Wo Zahlen bei Ch. stehen, sind die Verse der „Canterbury Tales" gemeint.)
Consc. = The Pricke of *Conscience.* A Northumbrian Poem by Richard Rolle de Hampole. Ed. by R. Morris. Berlin 1863.
Cooper, Glossary of the Provincialisms in the County of *Sussex.* 2. ed. London 1853.
Cotgr. = *R. Cotgrare's* Frensh-English Dictionary. London 1632.
Curtius, G., Grundzüge der griechischen Etymologie. 2. Aufl. Leipzig 1866.
Dict. = Hollyband's Dictionarie French and English. London 1593.
Dictionarium Scoto-Celticum: a Dictionary of the *Gaelic* Language, compiled and published under the direction of the Highland Society of Scotland. In two volumes. Edinburgh and London 1828.
Dictionary of the *Gaelic* Language etc. In two parts. Glasgow 1831.
Dictionnaire Celto-Breton, ou Breton-Français, par J. F. M. A. Le Gonidec. Angoulême 1821.
Dryden, John.
Dufresne du Cange, Glossarium ad scriptores mediae et infimae latinitatis.
Eglam. = The Romance of Sir *Eglamour* of Artois, in The Thornton Romances. ed. by J. O. Halliwell. London 1844.
Elyot = *Th. Elyot's* Dictionary. London 1538 und öfters.
Ettmüller, L., Lexicon *Anglosaxonicum.* Quedl. et Lipsiae 1851.
Eyering = *Eucharius Eyering,* Proverbiorum Copia. Etlich viel Hundert Lat. u. Tentscher Sprichwörter. Eisleben 1601—1603.
Florio = Florio's Dictionarie of the Italian and English Tongues. London 1595. 1598. 1611. 1659.
Forby = Forby's Vocabulary of East Anglia. 2 vol. London 1830.

Erklärung der Abkürzungen und Angabe der Quellen.

Frisch, J. L., Teutsch-lateinisches Wörterbuch. Berlin 1741.
Frommann, Die deutschen Mundarten. 6 Bde. Nürnberg 1854—1859.
Gaw. = Sir Gawayne and the Green Knight ed. by Fr. Madden 1839.
Gibson, The Folk-speech of Cumberland and some districts adjacent. London 1869.
Glossary of the Words used in *Teesdale*, County of Durham. London 1849.
Glossary of Provincial Words in the County of *Essex*. London 1851.
Glossary of Provincial Words in *Gloucestershire*. London 1851.
Gow. = John Gower, Confessio amantis. Ed. by R. Pauli. London 1857.
Graff, Althochdeutscher Sprachschatz. 6 Bde. Berlin 1834—1846.
Grein, C. W. M., Sprachschatz der angelsächsischen Dichter. 2 Bde. Cassel und Göttingen 1861—1864.
Grimm Gr. = Grimms Grammatik der deutschen Sprache. 4 Thle. Göttingen 1826—1840.
Grose = 1) A Provincial Glossary, with a Collection of Local Proverbs by Fr. Grose. London 1787 und öfters. 2) Grose's Classical Dictionary of the Vulgar Tongue. London 1785 und öfters.
G W. = J. u. W. Grimms deutsches Wörterbuch. Leipzig 1852—1872.
Halderson, Lexicon islandico-latino-danicum cura Raskii editum. Havn. 1814.
Hall. = Halliwell's Dictionary of Archaic and Provincial Words. 2 vol. 3. edit. London 1855.
Hav. = The Romance of *Havelock* the Dane. Ed. by Fr. Madden. London 1828.
Helms, Wörterbuch der dänischen und deutschen Sprache. 2. Thle. Leipzig 1858.
Hogg, New series of Poems in the *Devonshire* Dialect. 4. edit. London 1866.
Holloway, W., A General Dictionary of Provincialisms. Lewes 1839.
Holme, Wilfred.
Hudibr. = Butler's *Hudibras*.
Huloet = R. Huloet, Abecedarium Anglico-Latinum. London 1552.
Hunter, The *Hallamshire* Glossary. London 1829.
Huntley, Glossary of the Cotswold (*Gloucestershire*) Dialect. London 1868.
Jam. = Jamieson's Etymological Dictionary of the Scotish Language.
Jennings, The Dialect of the West of England, part. Somersetshire, 2. edit. London 1869.
Johnson, S., Dictionary of the English Language.
Jun. = Fr. Junii Etymologicum Anglicanum. Oxonii 1743.
Jonson, Ben.
Kennett, White: Parochial Antiquities attempted in the History of Ambrosden, Burcester, and other adjacent Parts in the Counties of Oxford and Bucks. with a *Glossary of obsolete Terms*. Oxford 1695.
Kil. = Kiliani Dufflaei Etymologicum teutonicae linguae, cur. G. Hasselt. 2 tom. Traj. Bat. 1717.
Lay. = Layamons Brut, or Chronicle of Britain; a Poetical Semi-Saxon Paraphrase of the Brut of Wace. Now first published from the Cottonian Manuscripts in the British Museum; accompanied by a literal Translation, Notes, and a grammatical Glossary. By Sir Frederic Madden. 3 vols. London 1847.

Erklärung der Abkürzungen und Angabe der Quellen.

Lydgate, John.
Mand. = The Voiage and Travaile of Sir John Maundeville. Reprinted from the Edition of A. D. 1725, with an Introduction, Additional Notes and Glossary by J. O. Halliwell. London 1839.
Marl. = Marlowe.
Medulla = Medulla Grammaticae.
Milt. = Milton.
Moebius, altnordisches Glossar. Leipzig 1866.
Moeller, Schwedisch-deutsches Wörterbuch. 2. Aufl. Leipzig 1808.
M. Arthure = *Morte Arthure*, ed. from Thornton's Ms. by G. G. Perry. London 1865.
Müller, G. H., Dänisch-deutsches Wörterbuch. 2 Bde. Schleswig 1800.
Müller u. *Zarncke*, Mittelhochdeutsches Wörterbuch. 4 Bde. Leipzig 1854—1861.
Nares = *Robert Nares'* Glossary. London 1822. New ed. by J. O. Halliwell and Th. Wright. London 1859. 2 vols.
Nom. = *Nominale*. MSS. Siehe Halliwell's Diction. II, 596.
NR. = The *Nursery Rhymes* of England. Ed. by J. O. Halliwell. London 1842.
Ogilvie = *John Ogilvie's* English Dictionary. London 1850.
Orm. = The *Ormulum*. Now first edited from the Original Manuscript in the Bodleian Library with Notes and a Glossary by Robert Meadows White. 2 vols. Oxford 1852.
Ortus = *Ortus* Vocabulorum.
ON. = An Old English Poem of *the Owl and the Nightingale*. Ed. by Stratmann. Krefeld 1868.
Palsgrave, L'esclarcissement de la langue françoyse. London 1530.
Pegge, Sam., Anecdotes of the English Language, chiefly regarding the Dialect of London. 3. edit. ed. by H. Christmas. London 1844.
PL = *Peter Langtoft's Chronicle* (as illustrated and improv'd by Robert Brunne) from the Death of Cadwalader to the end of K. Edward the First's Reign. Transcrib'd and now first publish'd from a Ms. in the Inner-Temple Library by Thomas Hearne. 2 vols. Oxford 1725.
PP. = The Vision and the Creed of *Piers Ploughman*. Ed. by Th. Wright. London 1856.
Pol. Songs. = The *Political Songs* of England, from the reign of John to that of Edward II., ed. by Th. Wright. London 1839.
Pope, Alexander.
Pott, Wurzelwörterbuch der indogermanischen Sprachen. 5 Thle. Detmold 1867—1872.
P. Parv. = *Promptorium Parvulorum* Galfridi grammatici. rec. A. Way. Tom. I. II. London 1843—1853.
Queen Eliz. = *Queen Elizabeth* and her Times, a Series of Original Letters, ed. by Th. Wright. 2 vols. London 1838.
Ray = *Ray's* Collection of English Words not generally used. London 1674 und öfters.
Richey, M., Idioticon Hamburgense. Hamburg 1755.
Richthofen, Altfriesisches Wörterbuch. Göttingen 1840.
Ritson, Joseph.

RB. = *Robert of Brunne.*
RG. = *Robert of Gloucester's* Chronicle. Transcrib'd and now first published from a Ms. in the Harleyan Library by Thomas Hearne. 2 vols. Oxford 1724.
Schmeller, J. A., Bayerisches Wörterbuch. 4 Bde. Stuttgart 1827—1837.
Schmid, J. Chr. v., Schwäbisches Wörterbuch. Stuttgart 1831.
Schulze, E., Gothisches Glossar. Magdeburg 1848.
Schütze, J. F., Holsteinisches Idioticon. 4 Thle. Hamburg 1800—1806.
Sh. = *Shakespeare.*
Skelt. = *Skelton.*
Skinner = *Stephani Skinneri* Etymologicum linguae anglicanae. London 1671.
Specimens of Cornish Provincial Dialect, coll. by Uncle J. Treenoodle. London 1846.
Sp. = *E. Spenser.*
Spurrell, W., A Dictionary of the Welsh Language with English Synonymes and Explanations. Carmarthen 1853.
Spurrell, W., English - welsh and Welsh - english Pronouncing Dictionary. 2 vols. Caerfryddin 1861—1866.
Stalder, Fr. J., Schweizerisches Idioticon. 2 Bde. Basel 1806—1812.
Stöber = *Aug. Stöber*, Elsässisches Volksbüchlein. 2. verm. Auflage. Bd. 1. Mühlhausen 1859.
Stratmann, Dictionary of the Old English Language. Krefeld 1867.
Swift.
Wack. = *W. Wackernagel*, Voces variae animantium. 2. vermehrte und verbesserte Ausgabe. Basel 1869.
W. = *John Walker's* Dictionary. 1791.
Wedgw. = *H. Wedgwood*, Dictionary of English Etymology. London 1859—1867. 2. edit. London 1871.
Wh. = *Henry B. Wheatly*, Dictionary of Reduplicated Words in the English Language. London 1866.
Wheeler, Westmoreland and Cumberland Dialects. London 1839.
Wicl. = *John Wicliffe.*
Worcester, Dictionary of the English Language. London 1860.
Wr. = A Volume of Vocabularies from the tenth century to the fifteenth, ed. by *Th. Wright.* Liverpool 1857.
Wright, Th., Dictionary of Obsolete and Provincial English. 2 vols. London 1857.
WS. = *Sir Walter Scott.*

EINLEITUNG.

Wenn wir auf die Laute unserer Muttersprache achten, so glauben wir noch aus vielen Wörtern Naturlaute heransklingen zu hören. Sie scheinen uns mit scharfem Ohre erfasst und lautlich treu wiedergegeben zu sein. Es sind die Rufe lebender Wesen, wie bäh, bläh, mäh; bau, wau, bau-wau; miau; muh; guckguck, kikeriki u. s. w. Es sind die Laute, welche durch Fall, Schlag, Stoss und andere Vorgänge bewirkt werden, wie plump plumps, patsch platsch, knack, tik tak tiktak u. s. w. Beide sind Nachbildungen und Wiederholungen des vernommenen Lautes, sie können auch, wie jede Wurzel, die Substanz eines neuen Begriffs bilden und zu bestimmten Begriffen gestaltet werden. Sie werden Verben und bezeichnen den Laut, wie mähen, blähen, miauen, muhen; plumpen plumpsen, patschen platschen, knacken, ticken u. s. w.; oder Substantiven und bezeichnen den Vorgang des Lautens, wie Blähen, Miauen, Tiktak u. s. w., oder das rufende Thier: Kikelkakel Gickelgackel, Kuckuck, Bauwau. Solche Nachbildungen können wir jeden Tag aus Kindermunde hören, und nicht selten werden Neubildungen hinzugefügt, wie rab-rab, kra-kra, quak-quak, die uns zeigen, auf welche Weise jene entstanden sind. Bisweilen tritt in der Kindersprache zum Naturlaute der Thiername: Baubau-hund, Wauwauhund, Be-lamm, Me-lamm, Hu-eule, Pu-vogel, Hü-ross, Muh-kuh. Bu-kuh u. s. w., oder auch zum Lockruf: Putt-hühnchen.

Daneben stehen noch andere: sie haben eine allgemeinere Bedeutung. Diese ist entweder ursprünglich und ist verschiedenen Wesen und Vorgängen beigelegt worden, oder sie hat sich aus einer individuellen Bedeutung zu allgemeiner entwickelt. Oft sind wir unsicher, öfter nicht im Stande, die ursprüngliche Bedeutung und ihre Entwicklung klar darzulegen. Brüllen bezeichnet den starken Laut der Menschen- und Thierstimme. Löwe und Ochse brüllen, indem sie in gewöhnlicher Weise ihren Ruf erheben; vom Menschen sagt man es, wenn er in leidenschaftlicher Erregung allzu laut spricht, oder wenn er zu laut weint. Man braucht es wohl auch von den anschlagenden Meereswogen, vom Sturm, vom Donner, von der Schlacht. — Brummen ist die Bezeichnung des dumpfen Lautes, und besonders sagt man es vom Bären, jetzt nicht mehr von Biene, Wespe, Fliege und Mücke (GW.), und man trägt es in gleichem Sinne auf Gegenstände über, auf die tief klingende Orgelpfeife, Instrumente, Saite, den drehenden Kreisel, die grosse Glocke; auch auf den Kopf, der betäubt ist oder schmerzt. Vom Menschen gebraucht bezeichnet' es den tiefen Ton im Sprechen und Singen (den Bass brummen). Undeutlichkeit der Rede oder die grämliche unzufriedene Gemüthsstimmung. Auch sagt man es von Kuh und Sau, die nach Stier und Eber verlangen. Man unterscheidet Brüllen (Brüll-affe) und Brummen (Brumm-bär, Brummbär, Brummfliege, Brummkreisel) und doch stehen sie neben einander in Brüll- und Brumm-ochse. — Bellen bezeichnet zunächst den hellen Laut, den Hund und Fuchs hervorbringen; doch gebraucht man es vom Menschen, der die einzelnen abgerissenen Wörter herausstösst oder in allzu eifriger Rede mahnt und straft. Daher lässt der Dichter das Gewissen und das Herz bellen, Neid und Misgunst, Undank und Hass. Aber der bellende Magen erinnert, wie der bellende Hund, an den sich nahenden Feind und mahnt zur Abwehr. — Heulen ist wohl zuerst vom Schrei des Uhu (ahd. hûwo) und der Eule (hûwila) gebraucht und dann überhaupt von dem mistonenden lang gedehnten Schrei. Man sagt es vom Menschen, es ist die laute Klage in grossen Schmerzen und der starke Aus-

bruch wilder Leidenschaft. Man sagt es vom Hunde, der Schmerzen empfindet, oder gezüchtigt wird, oder der losgelassen, der Spur des Wildes zu folgen, seinen Eifer zu erkennen giebt; auch vom hungrigen Wolfe, der gierig seine Beute sucht; endlich von Sturm und Wind, weniger um den starken, als den widrig klingenden langgezogenen Ton zu bezeichnen. — Der Ruf des Raben heisst Kr ä ch z en. Auch auf den Menschen trägt man es über und sagt es nicht nur von dem, der bei heiserer Stimme zu sprechen und zu singen sich abmüht, sondern auch von dem Kranken, der in unterbrochenen Lauten seinen Schmerz äussert oder stöhnt (thär. he krözzt). — Br a u s e n bezeichnet den starken lauten Klang und wird gebraucht von Meer und Sturm, vom Wind in Wald und Bäumen, vom rasch fliessenden oder herabstürzenden Strom, von Wein und Most, von Stimme, Athmen und Ohrensausen; auch vom Menschen in leidenschaftlicher Aufregung (*Brause-kopf, Brause-wind*) und der Dichter kann es sagen von Allem, was rasch sich verbreitet und Aufsehen erregt: die Kunde, der Ruf, der Gruss, das Lied braust durch die Lande. — Ein starker, aber ganz verschiedener Laut wird mit Kr a ch e n bezeichnet. Es kracht Kanone und Gewehr, wenn sie sich entladen; der Schuss, welcher fällt; der Schnee unter den Füssen des Wanderers bei starker Kälte. Es krachen Finger und Gelenke, die gereckt und gezogen werden; es kracht die Lanze, die bricht, das Gefäss, das zerspringt, der Baum, der unter der Wucht des Sturmes oder der Axt niederstürzt; früher auch vom Herzen, das tief ergriffen ist. Auch Thätigkeiten bezeichnet man damit, mit denen jener Laut verbunden ist, wie Nüsse krachen; und der Dichter nennt damit sogar Vorgänge, nur um das Starke und Gewaltsame zu bezeichnen. Das krachte dem Alten ins dumpfe Gehör (*Bürger*). — Nach unserem Sprachgefühle scheinen Brüllen, Brummen, Bellen und Heulen eigentlich Thierlaute zu bezeichnen, die auf Anderes übertragen werden, während Brausen und Krachen Laute von allgemeiner Bedeutung ausdrücken, die an ganz verschiedenen Gegenständen und Vorgängen wahrgenommen werden können.

Aber führt uns unser Sprachgefühl auch richtig? Ruht wirklich keine andere Bedeutung in jenen Begriffen? Können wir über diese nicht ins Klare kommen? Jedes Schwanken und jede Unsicherheit — so sollte man meinen — müsse schwinden, wenn man den Blick von der engbegränzten Sprachperiode der Gegenwart hinweg wendet und zurück auf den Sprachschatz, der aus alter Zeit uns vorliegt. Die Ursprünglichkeit der Bedeutung muss da noch reger und ihr Umfang geringer sein. Der weitere Verlauf schwächt jene ab und erweitert diesen. Eine solche Hoffnung ist berechtigt, leider erfüllt sie sich nicht in erwünschtem Masse und zwar aus verschiedenen Gründen. Denn manche Ausdrücke weist die alte Sprache nicht auf, brüllen, heulen, brummen, brausen liegen im Althochdeutschen nicht vor. Andere kommen nur selten vor, so dass man auf den Umfang ihrer Bedeutung nicht mit Sicherheit schliessen kann: mhd. prüllen (mugire), ahd. krâhan krâjan, mhd. kræjen *nur von Hahn und Henne;* ahd. croccizan *ebenfalls nur in eigentlicher Bedeutung, während* mhd. krochzen *nur uneigentlich (stöhnen) vorkommt. Manche zeigen schon einen weiten Umfang, wie* mhd. hiulen, brummen *und* krachen; *andere sogar einen weiteren:* bellan *gilt auch von menschlicher Rede, dann überhaupt von starkem Laute, und* mhd. hulle *von starkem Getöse und speciell vom Windesbrausen. Die historische Betrachtung wirft hier Streiflichter, sie gewährt nicht volles Licht.*

Lassen sich die Lücken ausfüllen, wenn man die germanische Gruppe zur Betrachtung heranzieht? B r ü l l e n *findet sich erst in später Zeit:* ndd. brullen *und* dän. bröle *wird besonders von Ochs und Löwen gesagt. Da dem dänischen* bröle *ein schwedisches* böla *(brüllen wie ein Ochs,* bölande *Gebrüll des Rindviehs) gegenüber liegt, so kann jenes Erweiterung des letzteren sein, und das führt auf* isl. boli bauli *Ochse,* baula belja *Kuh,* baula *brüllen,* baul *Gebrüll, aber* belja *brüllen und ängstlich schreien,* belji *Brüllen und Angstgeschrei. Die ursprüngliche Bedeutung ist demnach das Brüllen des Ochsen oder der Kuh.* Ndd. bullen *(von der Kuh: nach dem Ochsen verlangend) geht erst von dem*

Substantiv aus. — *Brummen* hat im Niederdeutschen und Nordischen fast denselben Umfang. Ndd. brummen von Thier, Wind und Dingen brummen, dumpf tönen (brum-kesel Schuurkauz, Brummkreisel, brum-bas), *mürrisch sein* (brum-bart = brumkate mürrischer, tadelsüchtiger Mann), aber auch von der Sau, die zum Eber will (nc. brim). Ndl. brommen von Bären, Glocken u. s. w., *hohl klingen, prahlen.* Isl. brumla scheint nur von Bären und wilden Thieren gebraucht; dän. brumle *auch summen, mürrisch sein, schelten.* Auch hier liegt der Thierlaut zu Grunde, der seinen Ausdruck in dem dumpfen u findet. Da aber im Ags. bremman (fremere) brim (altn. *das rauschende Meer*) brimse (Bremse, ahd. premo primisa) und ahd. breman (fremere, rugire), mhd. brimmen (von Bär, Löwen, Meer u. s. w. *zornig sein und seinen Zorn äussern*) vorliegen, so liegt wohl die skrt. W. bhram lat. frem-e-re zu Grunde und daraus erst hat sich die Lautnachahmung entwickelt. Ndl. belen vom Hunde, altn. belja *brüllen von Kuh und Kalb* s. o. — Ndd. hulen und ndl. huilen von Hund und Wolf, Wind und Sturm u. s. w., *weinen, wehklagen;* altn. yla, dän. hyle *heulen, Geschrei erheben.* — Ndd. brusen; bruusken brüsken *starkes Geräusch machen, vom lärmenden Kinde, rauschenden Strome, siedenden Wasser, vom Winde, in reichen Kleidern daher rauschen, auch von gewissen Pflanzen, die rasch und üppig wachsen;* bruse (a hum-buz), brusel-wind *Windsbraut, windiger Geselle.* Isl. brúsa (æstuare) bezeichnet wohl nicht die Bewegung, sondern das Rauschen, denn brusi, schw. brus-hane *Eistaucher, der als Vorbote des Sturmes gilt. Er schreit uh!* (Oken). Dän. bruse *brausen, rauschen, toben, aufbrausen.* Der Hinblick auf die germanischen Sprachen bestätigt nur zum Theil frühere Ansichten; aber er nöthigt uns, anzuerkennen, dass bisweilen Wurzeln solchen Bildungen zu Grunde liegen, die nicht ursprünglich, sondern erst später als Lautnachahmungen erscheinen. Ja, es wird das Bedenken rege, ob es überhaupt ursprünglich eine sprachliche Nachbildung der Naturlaute gibt. Wir betrachten deshalb die Wörter, welche uns unzweifelhaft als Naturlaute erscheinen.

Einleitung.

Der Ruf des Kuckucks lautet gr. χόxxυ; *span.* cucú, *frz.*
coucou; *lith.* kukkut guggut; *mhd.* kuku, kukuku, *nhd.* guk guk,
kuk kuk, guck guck, kuckuk, kukuk, kukukuk, kuku, gu gu gu
u. s. w., *elsäss.* güggü, *schweiz.* guggu Gr. W. *Der Name
desselben ist skrt.* kôk-ila-s, *gr.* χόxxυγ-ς, *lat.* cucū-lu-s, *it.*
cucco cuco-lo cucú-lo cucuglio, *span.* cuco, *frz.* coucou; *schw.*
kuku; *mhd.* kukuk, *ndl.* kockeck, *ne.* cuckoo; *ahd. mhd. und
besonders nhd. sehr mannigfaltig:* kuckuk, kuckuc, kuckug,
kukkuk, kukuk, kukug, kugkuk, kukuck, kuckuck u. s. w., *noch
mannigfaltiger in den Dialecten, am auffallendsten die Verdoppelung*
guggen-gauch, gukki-gauch, gukki-gauch s. GW. *Daneben stellt
sich das Verb: gr.* χοχxέ-ζω *rufe wie der Kuckuck, lit.* kukau-ti,
nhd. kuckuken kuckzen. *Blickt man über diese Formen, so wird
Niemand zweifeln, dass der Ruf zuerst nachgebildet und dass
derselbe dann zum Substantiv und Verb erweitert wurde. Nun
aber hat gr.* χοxxέ-ζω *auch die Bedeutung: krähe wie der Hahn,
krächze wie ein Rabe,* χοxxοί-qa-ς *Wiedehopf (ndd.* pu-vagel),
lat. cucu-ri-re *kollern wie ein Hahn,* cucu-ba-re *gilt vom Eulen-
geschrei. Neben skrt.* kôki-la *steht auch* kôk-a *Wolf,* kukku-bha
Fasan, kukku-ta *Hahn; ferner lett.* kauk-t *heulen, winseln, sausen,
brausen; lith.* kauk-ti *heulen von Hunden und Wölfen, wehklagen*
Pott 1, 637. *Die Wortformen sind ziemlich übereinstimmend,
ihre Bedeutung aber abweichend. Wollte man sie als Bildungen
von dem Rufe betrachten, so müsste die Bedeutung desselben all-
gemeiner geworden sein: dumpf rufen wie der Kuckuck. Aber
das Sanskrit bietet auch* kau-ti *und das Griechische* χαύ-αξ
χαύ-ηξ *ein schreiender Vogel, und man schliesst daraus mit Recht
auf die W.* ku kū *und legt dieser und der Verdoppelung derselben
die allgemeine Bedeutung bei: ein Geschrei erheben* (Pott). *Wie
das nun sein mag, ob der Ruf überhaupt zu Grunde liegt, oder
ob man daneben eine unabhängige Wurzel annimmt, man wird in
letzterer nichts Anderes sehen können, als die Nachbildung eines
dumpfen Naturlautes, den man an ganz verschiedenen Thieren
wahrnahm.*

Den Schafruf geben wir wieder mit mek mäh beh bäh, bleh

blüh. Diese Laute liegen schon in früher Zeit vor. Skrt. menada (mäh-schreiend) zeigt den Ruf in etwas weiterer Bedeutung, von Geiss, Pfau und Katze; in etwas engerer Bedeutung liegt μη vor in gr. μῆ-κα-ρ μη-κά-ς (Schaf und Ziege), μη-zί, Meckern und Blöken, und in weiterer in μηκά ζω μηκάομαι von Ziege, Schaf Hirschkalb und Hase; lat. micere meckern. — Den zweiten Laut hat Homer in βῆ βῆ, Hes. βῆ,βῆρ Schaf, und vielleicht ist es auch enthalten in βή-χ-ς βη-χά-ς Husten. Auch wir bringen noch einen besonderen Husten in Verbindung mit dem Thiere: wie ein altes Schaf husten. Lat. be-l-a-re balare blöken. Blüh klingt aus gr. βλη-zί, Geblök, βλη-χά-ο μαι vom Schaf und kleinen Kindern, βληχητά blökende Thiere, wimmernde Kinder; βλη scheint demnach der speciellste Ruf gewesen zu sein. Illyr. ble-jati gilt von Schaf und Ziegen.

Das Brüllen des Rindviehs bezeichnen wir mit muh! Dasselbe liegt vor in lett. mauju, mhd. müeje, lat. mu-g-i-re muhen, gr. μύ-zη Gebrüll; aber gr. μύzω μυκάω μυκάομαι wird vom Rind, Esel, Kameel, vom Donner, Sturm, Strom, Meer u. s. w., gesagt, und lith. mau-m-ju blöken, meckern, summen, brummen, brüllen Pott 1, 1215.

Die Rufe gelten demnach bisweilen nur einem, bisweilen mehreren Thieren, und die Wurzeln, die aus denselben oder anderen Ableitungen gewonnen werden, enthalten gewöhnlich weitere Bedeutungen; oder beide geben Naturlaute wieder.

Dagegen wird man vielleicht einwenden: Die Rufe sind verschieden, diese und die Ableitungen aus denselben und den Wurzeln beharren selten, sondern folgen gewöhnlich in ihrer Entwicklung den allgemeinen Gesetzen.

Wenn die Bezeichnung der Thierlaute nicht ganz gleich ist, so ist das durch ganz verschiedene Ursachen bedingt, durch das rufende Thier, den hörenden Menschen, durch die verschiedenen Verhältnisse, unter denen jenes ruft und dieser hört, und durch die Sprache, in welcher der Naturlaut nachgebildet wird.

Man kann den Thierruf nachbilden, den man an einer

Species beobachtet oder an Varietäten. In letzterem Falle ist eine Verschiedenheit ganz natürlich; aber auch in einer und derselben Species muss der Laut verschieden sein. Die weiten Räume, über die eine Species sich ausbreitet, sind der Entwicklung nicht gleich förderlich. Es giebt nur e i n e Region, in der der Thierorganismus in vollkommenster Weise sich entwickelt. Ausserhalb dieser Region kann das Thier sich weniger vollständig entfalten, und je weiter es sich von derselben entfernt, desto mehr wird seine Entwicklung beeinträchtigt. Die Verhältnisse können sich so gestalten, dass das Thier verkümmert, entartet, oder dass es gar nicht existieren kann. Mit dem mehr oder minder entwickelten Organismus hängt die Stärke und die Eigenthümlichkeit des Rufs zusammen. Der europäische Hund bellt, der Wüstenhund heult, der abessinische Hund ist stumm. — Aber auch bei gleicher Entwickelung ist der Ruf je nach der Situation verschieden: der Vogel hat Freuden- und Klagerufe, Lock- und Scheuchruf u. s. w. Auch äussere Verhältnisse mögen einwirken.

Der gleiche Laut wird verschieden gehört. Wir bezeichnen den Ruf des Haushahns gewöhnlich mit kikeriki, Adelung schreibt kükerükü, im Elsass lautet er giggerigi, giggeligi, giggalagi, in Zürich güggehü, in Schaffhausen guggerihü, in Ostfriesland kükülükü, lith. kakaryku, it. cucuruco, frz. coquerico.

, Der Fink heisst nach seinem Rufe ags. finc, ne. finch, pink Laue, pink pinch twink Som. spink EA. Lonsd. gold-spink Sc. spinx Suff. Ndd. finke, ndl. vink; dän. finke, schw. fink. Ahd. fincho, mhd. vinke Finke. Wal. pinc wine gwine yspincyn, bret. piut tint; it. pincione, span. pinzon, frz. pinson. Lat. fring-, frigilla. Noch viel mannigfaltiger sind die Namen des Kibitz, s. pewit § 103.

Auch die Sprache bietet bisweilen Hindernisse, sie reicht zu treuer Nachbildung des Lautes nicht aus. Ein recht anschauliches Beispiel giebt M. Müller (Vorlesungen über die Wissenschaft der Sprache II, S. 155). Die Hawaiianer haben das ne. steel aufgenommen. Da sie al r keinen Doppelconsonant sprechen können, so werfen sie s ab; da sie keine Silbe consonantisch auslauten, so schieben sie u an: t geben sie mit k wieder. So wird ue. steel zu kila. Bekanntlich wechseln ja auch l und r im Griechischen, Lateinischen und Germanischen. Manche Abweichungen sind also in der Sprache bedingt.

Erklärt sich so die Verschiedenheit des Lautes im Ruf und Begriffswort, so wird andererseits auch der verschiedene Verlauf erklärlich.

Manche Wörter beharren von der frühesten Zeit bis zur Gegenwart: homerisches βῆ, in nhd. beh bäh, gr. ϰόϰϰυ in frz. coucou, nhd. Ku-ku Kuckuck u. s. w., weil man sich der Uebereinstimmung zwischen dem Thierlaute und dem Worte bewusst geblieben ist. Und viele Abweichungen, die eintreten, haben gerade darin ihren Grund, diese Uebereinstimmung zu erhalten (fine, pine, gwine).

Andere dagegen treten in die Reihe von Begriffswörtern und folgen in ihren Entwicklungen den allgemeinen Gesetzen. Die Gründe liegen nahe. Der Laut wird zum Begriff formiert durch die Suffixe und an diese treten die Casuszeichen. An skrt. kuk (aus ku-ku) tritt a und Nominativ- s. Durch diese Erweiterung tritt der erste Laut nicht mehr in gleicher Stärke und Bedeutung hervor. Ebenso mag ein got. kuk oder guk sich zu kuk-a-s erweitert und dann zu gauk-a-s gauk-s sich verstärkt haben, eine Form der ags. geác und nhd. gauch entspricht. Noch mehr wird die Bedeutung des Lautes geschwächt, wenn Ableitungen hinzutreten. Gr. μη muss zurücktreten in μη-κί, μη-κάς βλη-χάς; be in lat. bēlo ba-lo, bala-tu-s. In ags. blaetan darf man wohl den Naturlaut annehmen und an diesen tritt t mit den verbalen Flexionen blæt-a-n Präs. blæ-t-e. Der eigentliche Laut wird gedämpft, die Uebereinstimmung des Begriffsworts mit dem Naturlaut wird vergessen und daher wird das angelsächsiche Wort zu nhd. pläzan und durch blete zu ne. to bleat, indem das charakteristische æ zu hellem i-Laute geworden ist; ebenso blake bleak aus ndd. blaken. Am meisten aber muss der ursprüngliche Laut zurücktreten, wenn ihm der Accent entzogen wird und dieser vorrückt. In lat. bē-lo klingt e noch vor, in be-la-re weicht es dem

a. *Ein* fring-a *würde noch näher an den Naturlaut klingen, in* fring-illa *steht er ferner. Ebenso klingt in* skrt. kar, gr. zog. lat. cor *der Ruf der Krähe noch durch*: in zog-ówŋ *und in* cor-nic-is *muss er erklingen. Gerade im Accentgesetze liegt der Grund, dass der Naturlaut in den alten Sprachen sich weniger rege erhalten hat als in den germanischen und vorzugsweise in den niederdeutschen Sprachen.*

In den Schallwörtern lassen sich gewöhnlich drei Elemente unterscheiden, der Vocal, die Consonanz im Auslaute und die im Anlaute.

Der Vocal ist das wichtigste Element, in demselben klingt die Färbung des Naturlauts wieder. Wenn auch die consonantische Umgebung nicht ohne Einfluss auf die Färbung des Vocallauts ist, so tritt doch sehr oft die verschiedene Bedeutung der Grundlaute hervor: a *bezeichnet den lauten starken,* u *den lauten dampfen und* i *den hellen, feinen, schrillen Klang;* ndd. bam bum bim, bammeln bummeln bimmela *rom Glockengeläute:* snarren snurren snirren; snaps snups snips; swaps swups swips; paff puff piff; knaks knuks kniks; ballern bullern, knappern knuppern; quakken quiken u. s. w. *Im Englischen ist die Einwirkung der Consonanten grösser, die Reinheit der Laute ist beeinträchtigt, aber der Unterschied tritt vielfach hervor, wie in* baa boo bue bow; mae moo mew; caw coo; jangle jingle, snap snip, clap clip, trap trip, trample trimple, clack click, cackle giggle, twattle twittle, squall squeal, quack squeak; babble bubble, baff buff, bang bong, knack knick knock, clang cling clung u. s. w. *Allerdings liegen nur dialectische Verschiedenheiten vor, wie in* craw crow, croak crake u. s. w.

Nächst dem Vocale hat der consonantische Auslaut besondere Bedeutung, denn er gestaltet die im Vocale ruhende Lautmasse. Ihrer Natur nach treten die Liquiden m, n *und* l *weniger hervor. Es ist ihnen eigen, dass sie den Laut fortklingen lassen, besonders* l *und dies tritt daher auch an vocalische Auslaute, wie* mew mewl, moo mull, bray brail, *und an* r bir-l, whir-l, pur-l, gnar-l u. s. w. *Merkwürdiger Weise steht* m *gewöhnlich hinter trübem* u: bum, hum, mum, drum, grum. Hinter m tritt das verwandte p, b hervor, um den Vocal oder Laut zu kürzen: bump, thump, pump, plump. Viel bedeutungsvoller ist r; es bezeichnet hauptsächlich den Laut, der durch rasche Drehung, Schwingung und Vibration bewirkt wird. Es bezeichnet den eignen Laut in birr, whirr, whurr; das Schnurren des Kreisels, Spinnrads u. s. w. in purr, bur burr, whir whirl whurl whorl, swirl; das Schwirren auffliegender Vögel in churr, bir, whir whur; die schnarrenden, knarrenden oder zirpenden Thierlaute: purr (Katze), snarl gnarl sworl yarr (Hund), chirre chirp chirk chirl chirm (Vögel); Schnarchen in snar sner snore snoor snurl snort snurt.

Eigenthümlich ist auch die Bedeutung der Zischlaute. Die eigene Lautung bezeichnet hiss, auch das Zischen der Schlange, das Geräusch beim Athmen heeze hisk wheeze, das Summen der Biene buzz, das Geräusch, das feste Körper bewirken, wenn sie ins Wasser fallen, wie dash, blash glash splash, swash squash; ebenso das Geräusch von Schlag, Stoss u. s. w. in douse, dash, pash, clash, smash, crash u. s. w.

Die Mutae, abgesehen von den Lautäusserungen lebender Wesen, dienen hauptsächlich dazu, das Geräusch zu bezeichnen, welches durch Schlag, Stoss, Fall und Brechen fester Körper bewirkt wird. Tap, rap, flap, wap whap, swap, knap snap, slap, clap, trap pap; dab, squab; — pat patter, rattle, squat squattle squatter, dad; knack, crack, clack, whack, thwack.

Bei mehrfacher Consonanz im Auslaute hat gewöhnlich der erste die grössere Bedeutung, denn der zweite ist angeschoben, wie in bum-p, grum-p, mum-p, grum-p, blare blar-t, gnar gnarl u. s. w., oder wechselt mit anderen chirm chirp, finch pine pint spinx, jert jerk, whisper whister. Doch kann auch eine Liquida eingeschoben sein, um dem kurzen Laut längere Dauer und mehr Gehalt zu geben: click clink, clack clank.

Von geringerer Bedeutung sind die consonantischen Anlaute, daher ihr Schwanken: birr wirr whirr, boke puke voke, bow wow, baa mae, wherk querk, buzz huzz, bumble-humble-drumble-bee, wheeze heeze, whap wap, hist whist, cheep peep, dash tash, thump dump, grune croon, gruncy cruncy; *Verstärkungen neben dem einfachen Consonanten:* baa blaa, bab blab, chuck cluck; coo croo, dab drab, dub drub; quash squash, plash splash, creak screak, hoo shoo, pink spinx, mush smush, wap swap.

Endlich ist noch zu bemerken, dass gleich oder ähnlich *klingende Begriffswörter* neben den *Lautnachahmungen* liegen und auf letztere einwirken. s. § 16. 20. 26. 47. 53. 66. 70. 73.

I.
Lautbildungen.

A. Mit auslautenden Vocalen.

1. Baa *das Blöken des Schafs; — blöken, wie ein Schaf.* bae Lonsd. Sc. (= bla Lanc. mae Sc.); — *Schaf* = baa-lamb Suff. bae-lamb Lonsd. *Homer bezeichnet schon den Laut mit βῆ βῆ, und so noch jetzt:* nhd. bäh! Bäh-lamm; bläh! Bläh-lamm. vgl. § 6.

2. Bue *brüllen, wie ein Ochse, Sc.* — Booing *Gebrüll* Lonsd. — Bu *Ochse* Hall. *für* bull? — Buer *Mücke* N. Bo! *Schreckruf;* — bo-man *Erscheinung oder Mann, vor dem Kinder sich fürchten*, Brook. bu-man Teesd. — bow-boy *Vogelscheuche* Kent. Ndd. buu *Ruf, Kinder zu schrecken und das Brüllen der Ochsen nachzuahmen, daher* Bu-man, Bu-ko *und* Bu-osse. *Gäl.* bu! *Schreckruf* = *böhm.* bobo, bubu! Gr. βύ-α-ς, βύ-ζα *Uhu, Schuhu;* βύ-ζω *rufe wie ein Uhu.* lat. bu-bo, bubu-lare *vom Uhu*, bubere *von der Rohrdommel (vgl.* ahd. *bûf), it.* buba bubbola pupula. Pott 1, 1139. Vill. *auch ags.* beáw *Wespe*, beó *Biene. ne.* bee *d. i. Summerin. Gäl.* buir *brüllen, wie ein Ochse,* bo *Kuh.*

3. Bow, wow, bow-wow *Hundegebell; Hund* Ash. — Wow *bellen.* waw Hall. — bow-wow *prahlerisch* WS. — Cabobble *beunruhigen, verwirren* EA.

Koch, Linguistische Allotria. 1

Lautbildungen

Ndd. wouwen wuwen *bellen*, wou-, wouwou-hund *Hund*, *Wauwau*, schrau-wauen *Lärm machen*, *wie kleine Kinder*. kab-bauen (kabbeln kibbeln *zanken*, bouen bouwen wouwen *bellen*) *sich laut und gemein zanken: Goethe gebraucht* bav! bau! *zur Bezeichnung des Kanonendonners; nhd. Hundegebell* bau bau, wau wau, hau hau: *auch* huhu huhu, wuwu (Grimm), wöu wöu (Stöber).

Lat. bau-bari *bellen*. *Aus* ad-baubari *entwickelt sich afrz.* abayer baier, *nfrz.* aboyer *bellen, anbellen;* aboyeur *der Hund, der beim Anblick des Jägers bellt, dann überhaupt Schreier. daher me.* bay *bellen* PParv. Eglam. *ne.* bay *durch Bellen Wild oder Dieb stellen. Bedrängniss: aber in* Bffs. *die Stimme erheben besonders beim Weinen.*

4. Caw *krächzen*, *wie eine Krähe;* — kaa *Krähe. Dohle* Wr. 188 Ort. ka Cath. ca Hall. ka kae Sc. Bffs.
Coe kowgh Skelton. ceo (graculus, monedula) W. 29. cyo (cornicula) Wr. 62. kowe 221. coo koo schowhe PParv. choughe Mand. 49. chough Palsgr. chowze Wr. 177. — Chough *Bergdohle Krähe.* caw-daw *Dohle* N. caddow EA. cadaw codowe PParv. — Cawdy-mawdy *Nebelkrähe* NHampt. coddy-moddy *junge Möve*, Wheatly.

Skrt. käi *krächzen*, kä-k-a kä-g-a *Krähe*, *unverschämter, zudringlicher Mensch* Pott 3, 142. *ags.* ceä, ceo, *ndl.* kaaw kauw kaa kae *Krähe, dän.* kave *bellen wie ein Fuchs.* —

Ahd. kaha, *thür.* eine *gagen; mhd.* gagen *schreien wie eine Gans*, *der hennen* gagzen, gigzen *unartieulierte Töne hervorbringen; nhd.* kacken *quaken* (Sebiz) keckern köckern kackezen käcken kecken *von Raben*, *Krähen*, *Kackel* eine *Krähenart, schweiz.;* Kacke Kake Gacke Kachel käcken Kau GW.

Frz. choe choue *schwarze Dohle.* chouvas cauvette chouquette. *norm.* chouchette.

5. Coo *girren wie eine Taube*, = croo croud crookle N. crood croud crookle Sc. — Cooing *girren*, = cooter Gloue. *? daher* coot *Wasserhuhn.*

Skrt. ku, kü *Geschrei erheben* Pott 1, 657; käu-ti *tönen seufzen;* gr. καύ-αξ καύ-ιξ *ein schreiender Vogel. Vgl. frz.* roucouler *girren* und *nhd.* ruck ruck *Girren* (Brentano). ruckedignck (Grimms Märchen), rucken *girren*.

6. Mae *blöken, wie ein Schaf* Sc.
Nhd. mäh! mäh-lamm; me me mee (Eyering); mä-mä (Stöber,
Elsäss. Volksbüchlein 1. 69). „*Nach dem Summarium Heinrici und
nach lat. Versen* (Schmeller, Bair. Wörterb. 2. Ausg. 1, 1) *schreien die
weissen Lämmer* be, *die schwarzen* me, *die bunten* be me — *ein Unterschied, den* Abraham a S. Clara *nicht beachtet; bei ihm sprechen
sowohl die weissen Schafe, die Nonnen, als auch die schwarzen,
die Mönche:* me-me-me-mento." Wack. 29. me *und* meek meck
auch von der Ziege.
Skrt. mā *brüllen, wiehern,* mākaka *blökend,* maka makâya
quaken, vom Frosche, mé-nada *mäh-schreiend von Ziegen, Pfauen
und Katzen* Pott 1, 266; *gr.* μά-κω *meckere, bloke, quake,*
μη,-κή *Meckern, Blöken; lat.* mi-e-e-re *von der Ziege,* mitilare *vom
Stieglitz,* me *Schafruf* Varro de re rust. II, 1. 7.

7. Moo *Gebrüll der Kuh,* mue Brock. -- Moo *brüllen, muhen*
Suff. — Mully *Kuh* NHampt. mulley Suff., = moo-cow. — Mulls
Namen für Kühe Suff.
Skrt. mū *tönen, murren; gr.* μέ-ζη *Gebrüll; lat.* mu-g-i-re
muhen; mhd. muejen, *bely.* muwen; *schweiz.* muelen mühlen *von
Kühen.* mölen *vom Donner,* Murrli *junge Stier,* murrlen *das Hallen
des Donners oder Schneesturzes* Pott 1. 1216. *Ahd.* holz-muwa
die im Walde Klagende, Waldweib = holz-vrouwe. holz-rûne)
und Eule; mhd. holz-muowe.

8. Mew *miauen* Lanc. Cr. (= loal York). Mewl *schreien,
wie ein Kind* Th.
Ndd. mauen miauen, mau-katte *oder* puus-mau *Katze; ndl.*
maauwen; *schweiz.* mautzi *Katze,* mauder *Kater; nhd. Katzengeschrei* mau miau, murmau murmau murmau (Karsthans) pfuch
pfuch pfuch, miau mau (Wunderhorn); *mhd.* mâwen *schreien, wie
Löwe, Katze; nhd.* mauen miauen; *isl.* miaua, *dän.* miave. *It.*
miagolare, *frz.* miauler.

9. Crow *krähen* = craw Cr. Teesd. Sc. *krächzen* Cl.), *Ansprüche machen* Som. Crow *Krähe* Ch. Mand. = craw Cr. Teesd.
Sc. craa Lonsd. cra EA. crawe Wr. cornix 29. 62. 220. corvus 188.

Lautbildungen

Ays. cräwan, *ndd.* kreien, *ndl.* kraijen. *Ahd.* chrâan, *mhd.* kraejen, *nhd.* krachen. *Ays.* cräwe, *ndd.* kraie kreie, *ndl.* kraai. *Ahd.* chrâa chra chreia, *mhd.* kra *Krähe.* *Skrt.* kâr-ava-s, *gr.* ϰορ-ώνη, *lat.* cor-n-ic-s *Krähe*, cor-vu-s. Daher auch *ays.* hraefn *nc.* raven. *Slav.* graja-ti *litt.* gro-ti *krächzen.* Pott 1. 66.

10. Low *brüllen, wie eine Kuh; muhen.* PParv. loowen Wiel. *Ays.* hlôwan, *ndd.* leuen, *ndl.* loujen loeijen loeyen lujen; *ahd.* blôjau hluojan hlôôn, *mhd.* lüejen lüewen lüen louwen luon. *Gr.* ϰλαί-σομαι *heule, weine; litt.* kaul-yti *winseln.*

11. Hoo! *Scheuchruf; Ruf, Vögel zu verscheuchen* Bfs. = hoy Jam. — Hooan *verscheuchen* Bfs. — Hoo how *Hetzruf der Jäger* Hall. *Mhd.* hû! *Ausdruck der Furcht, nhd.* hu! hu-hu! *bei Furcht und Kälte; Eulenruf:* huhu huhu, schu hu hu hu. (Gr.) uhu uhu (Luther). *Ndd.* huschk! kuschk! *Scheuchruf.* *Frz.* huer *wie ein Uhu schreien,* huage *Schreien, um die Fische zu erschrecken.* — *Eulenruf* tu tu. Plaut. Menaechm. IV, 2, 90.

12. Shoo! shu! shue! shugh! *Scheuchruf;* shoo, *bei Hühnern* Florio; shoo *Vögel verscheuchen* EA. shueshoo Brock. hu scho Bfs. shou Sc. shuin *Verscheuchen* Lane. Shy *scheu, vorsichtig, argwöhnisch; scheuen, scheu werden* EA. skew NHampt. *Ndd.* schou *Furcht,* schuwen *fürchten; ndl.* schuw schouw, schuwen; *ahd.* sciuhan, *mhd.* schiuhen schiuwen *scheuen.* *Ays.* sceoh, *ndd.* schou; *aln.* skygg-r, *schw.* skygg, *dän.* sky; *mhd.* schiech *scheu. Daher wohl auch ne.* shudder. *Frz.* chou! *Ruf, den Hund auf Wild zu hetzen;* chouette *Nachteule.*

13. Rue *junge Ziege* Som. Hall. Rue-t *Horn* Dict. 1510. ruwet *kleine Trompete* Hall. — ? Row *Auflauf, Lärm* Var. — ? Rout, route *gewaltige Unruhe* Dev. Rut *heftig schreien, von Kin-*

mit auslautenden Liquiden. 5

dern. Ray *schreien, wie der Hirsch: Brunstzeit* Hall. *Unheil anrichten* Kent. — Rute *schreien, wie Kinder* Chesh. — ? Rowdy *der viel Lärm macht,* rowdy - dow.
Skrt. ru *tönen, summen, heulen, rufen:* gr. ώ-ρύ-ω *heule, brülle, besonders von Raubthieren:* wal. rhu *Schreien,* rhuo *schreien.* — Skrt. rau-ti *tönen, altn.* ryta *brüllen von Löwen,* dän. Dial. ryde *von Kühen:* wal. rhuad *Gebrüll,* rhuadu *brüllen;* gäl. ruta (a ram). — Lat. ru-g-ire, rugitus; afrz. ruit; frz. rut; ahd. ro-h-ô-n rohjan *brüllen,* ruod *Gebrüll.* S. § 96.

14. Whew! *vorbei! weg! Ausdruck der Abneigung, Ueberraschung, Verachtung; schnell fliegen, pfeifen; rasches Vorübergleiten, Verschwinden* Lonsd. whew *pfeifen* N. Lonsd. whewer *Pfeifente.* Whewt *schwach schreien, piepen wie ein Vogel* EA. *pfeifen* Lonsd. — Whewtle *leises Pfeifen* Cumb.
Schw. dän. nhd. hui! *schnell! der Augenblick, in einem* Hui.
Wal. chwi (swift turn), chwib (pipe, tube), chwibann (to whistle) chwiw whirl).

15. Bray *schreien, wie ein Esel; Eselsgeschrei.* — Brail *schreien, lärmen, zanken,* PParv. — Browl *schellen, ungestüm fordern* Cl. — Browl brole *ungezogenes Kind* Cl. — Brawl *Geschrei, Zänkerei; durch Geschrei verjagen* Sh. brawler *Schreier, Zänker.* PParv.
Skrt. bargh *schreien, von Elephanten, gr.* βρυχ-αλ-έιν *wiehern;* lat. brag-i-re. Gäl. braigh *prasseln, krachen;* wal. bragal *lärmen;* frz. braire brailler *laut schreien, auch vom Hunde, der die Spur verloren hat, prov.* brailar.
Dän. bralle; ahd. brallen; mhd. pral. *Daneben dän.* bröle. mhd. prüllen brüelen. nhd. brüllen.

B. Mit auslautenden Liquiden.

16. Bum *dumpf klingen, summen wie Bienen.* NHampt. Cl. Ss. Br. bomme Palsg. bummen bumben PParv. bummle Cl. bombone Hall. bumble —; *dumpf rauschen* NHampt. boom; *undeutlich lesen, schlecht singen, spielen.* bummle Bffs. *einen Kreisel schnurren lassen* Br. *schlagen* N. Lonsd.; — *jedes dumpfe Geräusch* bomb; — Sum-

men der Bienen, Drohnen, des Kreisels bummle Cl., bumming Lonsd. *einer der undeutlich liest, singt,* bummle Bffs. Boom *tiefer dumpfer Ton, wie Kanonendonner, Wellenschlag; — tief und dumpf schallen; heftig rauschen wie Wogen.* Bump *Schlag,* Puff Suff. Cr. Lonsd. Br. *dumpf schreien. schlagen.* Lonsd. bammel Shrops. Bomb *Schlag auf eine Glocke,* Bombe: *sausen, tönen.* bombardieren, bombard *Geschütz. —* Bummer *rumpelnder Wagen* NHampt. Br. — Bummeler bumler bumbler *Hummel* Br. — Bumbles *Binsen (daher* bumble-barfan *Binsenkummet im Gegensatz zum Lederkummet)* Linc. — Bim-bom *Glockengeläute* Wheatly. — Bum-bee *Feldbienen,* Sc. bumle-bee. — Bummelbee Cl. bumble-bee Suff. NHampt. Cr. Teesd. — Bumble-bore *Wespe,* -clock *ein summender Käfer* Sc. -fiddle *Bassgeige* Lonsd.

Pump *schwerer Schlag* Suff., *Pumpe pumpen: listig ausfragen.*

Zuerst bezeichnen die Wörter den Laut, dann den Gegenstand. der den Laut bewirkt und die begleitende Bewegung. Ndd. bam *ahmt den Glockenklang nach, und Tiefe und Höhe des Tons wird unterschieden in* bammeln buumeln bimmeln; bums! *bezeichnet den Laut, den ein Schlag oder Fall bewirkt: ndl.* bommen *tönen wie ein leeres Fass,* bommele *Drohne,* bomme *Trommel,* bommenaer *Trommler,* bommeler daemon aquaticus. *Isl.* bumba *Trommel,* bumla *tönen;* dän. bomme *trommeln,* bomp bump crepitus ventris, bomre *schlagen pochen,* bombe *Bombe,* pumpe *Pumpe; schw.* pump *Pumpe,* pumpa *pumpen.* — *Mhd.* pümpern *durch Klopfen oder Stossen einen sich oft wiederholenden Schall verursachen. Nhd.* bim-bam bum-baum *bezeichnen Glockenklang.* bumblebum bumberlinbumb *Hammerschlag,* pumerlimpum *Trommelschlag,* bumerlinbum *Paukenschlag,* bummen bummern bumpern.

Gr. βόμβος *dumpfes Getöse, Summen der Biene,* βομβέω βομβέω *lärmen,* βομβ-ύλιο-ς *Hummel: lat.* bombus *Summen der Bienen. Klang des Horns, Händeklatschen,* bombitare *summen. Frz.* bombe, bombarde (*mlat.* bombarda), bombarder, bombardier, bombardement. *Wal.* bwmp bwmbwr *dumpfer Laut. Aber neben gr.* βομβέω, *liegt auch* βαβ-άζω, *βαβ-ίζω βαβ-έζω, und es erscheint demnach als ursprüngliche Form nicht* βαμβ βομβ, *sondern* βαβ *mit eingeschobenem* μ: skrt. babababá rom *Prasseln des Feuers.*

mit auslautenden Liquiden.

Ferner wird auch die Bewegung oder der Vorgang bezeichnet, welcher mit dem Laute verbunden ist. Daher ndd. bum-bam der Gegenstand, der an einem Faden befestigt sich hin und her schwingt; bammeln bummeln *hin und her schwanken*; bamsen bumsen *anstossen*; bummel *alles Hängende, das hin und her schwankt, wie Pendel, Klöppel*; nhd. Bummel, bummeln, Bummler. Mit dem Begriff des Beweglichen verbindet sich auch der des Miserfolgs. Daher

Bummle *Flickwerk, schlecht arbeiten* Bff's. — Bumler *Pfuscher* Sc. Br. — Bommock *sich linkisch bewegen* NHampt. — Bamble *unsicher hin und her schwanken*. — Bumble *verhüllen, einwickeln, z. B. Glocken, Trommeln, um den Ton zu dämpfen* EA. — Bump *auf einem harten Traber reiten* EA. NHampt.

Auch Begriffswörter wirken ein und modificieren den Lautausdruck.

Pam *mit der Hand schlagen* Cl. pome poam Cornw. pummel Br. Palsgr. — *lat.* palma, *frz.* palme, *me.* palm panm Mand. pawm Lanc. Cr.

Bump *Geschrei der Rohrdommel, des Reihers*, Lonsd. *Rohrdommel* Lonsd., boom bump *schreien wie die Rohrdommel* Wore. — *lat.* buteo, *frz.* butor, *wal.* bwn.

Bump *Beule, Geschwulst von Schlag, Fall;* bumpy *uneben, knotig* Lonsd. NHampt., bumshus *geschwollen, aufgeblasen, dünkelhaft* (bumptions) NHants. *unmassend* (gumshus, rumgumshus) Suff. *urglistig, zänkisch* Dors. — *Gäl.* pwmp *etwas Rundes.*

Bump *bekannte Strafe, die an Schulknaben vollzogen wird* Cr. Lonsd. *mit der Ruthe den Sitztheil bearbeiten* (bam Lonsd.), *mit dem Hintern gegen einen Pfosten oder Baum stossen, oder nach alter Sitte auf einen Gränzstein* EA., *daher* bumping *Vorgang, um die Gränzsteine einzuprägen*. — pump *einen Bums lassen* Sc. bumby *Unrath, Schmutz;* Stätte, wo sich derselbe ansammelt EA. — Diese erklären sich aus dem Laute, dän. nhd. bums! Doch scheint bamboo *eingewirkt zu haben*.

Weiterbildungen von ndd. bums! *Schall von Schlag und Fall ist* bumsen bunsen *anstossen, dass es schallt, anklopfen;* wfl. bons *Schlag, Stoss;* dän. böns. Daher

Bounce *schlagen*. bunsen Ar. 188 bunch Br. Teesd. WCumb. bonche PP. punchyn bunchyn bunschon PParv. bounchen Palsgr.

bensel Teesd. Cr. beawnre Lane. bounce *plötzlich springen: starker plötzlicher Schlag*, *Prahlen*, *Lüge*; punch Schlag Var. Punse *stossen* Lanc. pungell NHampt. punch *Stoss* Teesd. Sc. Punch-clod *Baner* Cr. punch-clot Cl. *dicker schwerfälliger Mensch* Bffs.

Engere Bedeutungen scheinen durch Begriffswörter bewirkt zu sein; bansel *strafen* Staff. — *durch* ban *oder* punish; — punch *mit dem Fusse (nicht mit der Faust) stossen* Cr. Lonsd. WCumb. *mit dem Ellenbogen* Jam. *Fusstritt* Lonsd., *Faustschlag* NHampt. bunch *mit Fuss oder Knie stossen* Cl. pounce *auf den Kopf schlagen* Suff. — Wal. pawen *Pfote*, *Huf*, pawns *Schlag damit*; lat. pugnus. frz. poing *Faust*, *Hand*.

17. Hum! *Laut, der Zweifel oder Bedenken ausdrückt*. Cr.: *Summen*, *Brummen*; *undeutliches*, *stockendes Sprechen*; *Scherz*. *Streich*. *Neckerei* Sc. — Hum *summen*, *brummen*, *undeutlich sprechen*, *stocken* (hem, haw, to hum and haw), *Kreisel drehen lassen* Kent., *schleudern* NHampt. Lonsd., *täuschen* Sc. Var. (all a hum. — Humble *Ente* Dors. — Humbling *Summen*, Ch. homing ? humour) *lächerlich* Westm. — Hummer *wer, was summt* (homere Nom., *Wiehern des Pferdes beim Füttern* Ray, Grose; *Lüge* Suff.: — *summen, leise singen* NHampt., Br., *anfangen zu wiehern* EA. — Hump *murren*, *grollen* EA. Hall.

Hum-drum *schläfrig, träge, dumm*; *langweiliger Mensch oder Gegenstand* Wh., *niedriger dreirädriger Wagen von einem Pferde gezogen* Wh. West. *also nach Klang und Trommel*. — hummeldrummel *verdriesslich und schweigsam* Jam. hummil-dummil *Bezeichnung des Stockens in der Rede oder überhaupt der Wiederholung* Jam.

Hum-strum *musikalisches Instrument*. *Geige*, *Maultrommel*. *Drehorgel*, *bisweilen mit dem Nebenbegriff: verstimmt, schlecht gearbeitet* Wh. Dors., *üble Laune* Sc. *übel gelaunter Mensch* Jam. *ungeschickt, wie im Pianospiel* NHampt.

Hum-buz *ein dünnes, eingekerbtes Brettchen, das, an einen Faden gebunden und geschwungen, ein Summen, Sausen erzeugt* Dors., *Käfer* West. S. buz.

Hum-bug a person who hums or deceives; a false alarm Hall. *Betrug, Aufschneiderei; durch Aufschneiden betrügen*. *Villeicht aus* hum *und* bvg *Schreckgestalt*, *Popanz*, *also damit täuschen*.

boggle bogle bugaboo puck pug bug-bear *Kobold*, *wal*. bwci pwci bwg, ir. pura; *isl*. púki (malus daemon), *schw*. puke. *Ob ein* Hume of the bog *(Hume vom Moore), ein schottischer Münchhausen, gegen Ende des 17. Jahrh. wirklich gelebt hat, ist erst zu beweisen.*

Hummc-bee *grosse Feldbiene* Laue. humble-bee Suff. Leie. hummel-, humle-bee Lonsd.

Ndd. hum! humme! *Ruf, etwas zu hindern; Zuruf an Pferde, sich zu drehen und rückwärts ins Gestell zu gehen. — Ndl.* hummel hommel, *dän*. humle, *schw*. humla *Hummel, ahd.* hummel humbal, *mhd*. humbel; *ndl*. hommelen, *schw*. humla *summen; nhd.* hummel *Insect und Zuchtstier* Wack. 40.

Frz. hom! *drückt Zweifel und Mistrauen aus*: vgl. hem.

18. Mum! *Laut, der durch Schliessung der Lippen bewirkt wird; daher Geheiss stille zu sein; stille* NHampt. mim EA.); *brummen, undeutlich sprechen, stiller geheimer Aerger* Ess. — Mummer *einer der undeutlich spricht, singt.* — Mumman *undeutliches Singen* Bff's. — Mumble *undeutlich sprechen, mit fast geschlossenen Lippen; nicht ganz heraussagen, verschlucken,* Lonsd. Sc. momele Pol. Songs 238. — Mamele PP. 7391`; *betteln* West., *Murmeln, Brummen* Lonsd. — Mumbler *Murmelnde,* momeler PP.

Mump *Lippen einkneifen, leise und schnell sprechen, betteln; auf den Mund schlagen* Teesd. Cl. Br. *tüchtig essen, übler Laune sein* (mamp map Sc. vgl. mop) Lonsd. — Mumps *Bettlerstreiche,* mumping; *übele Laune* NHampt. — Mumper *Bettler* EA. NHampt. — Mamp *in kläglichem Tone sprechen* Sc. — Mammer *murren, bedenklich sein* Hall. Br. Wr. 203.

Ndd. mumpeln *leise oder heimlich reden, ndl*. mompelen, *schw*. mumla, *damit hängt zusammen ndd.* mummelen *die Speise rurn im Munde zermalmen, wie Kinder und zahnlose Greise, und die entsprechenden engl. Wörter. Nhd.* mummen mummeln *den Laut* mum *hören lassen, brummen*: mummeln mumpeln mumpfeln *zahnlos kauen; schwäb*. Mommeler *Stier.*

Vgl. gr. μῦ *Laut des Stöhnenden, daher* μύω, μύζω, μύσσω (mu facere Lucil. apud Charis. p. 713); μυγμός *Stöhnen.*

Lautbildungen

19. Drum *Trommel* (drum-slade Elyot) dommel N., *Trommler* (drombe-slade Hall., drum-slager, ndl. trommel-slager *Trommelschläger*), *trommelartiger Gegenstand;* — *trommeln, dumpfes Geräusch machen: tüchtig durchprügeln* West. thrum Suff. *ein Instrument schlecht spielen, klimpern.* — Thrum *schnurren, wie eine Katze* EA. Drumble-bee *Biene* Hall., drumble-drone *Drohne, dummer Mensch* West. drumble-drane Cornw. *Ndd.* trumme, *ndl.* trom trommel, *schw.* trumma, *dän.* tromme *Trommel,* drum *tiefer dumpfer Klang; ndd.* trummen trummeln, *ndl.* trommelen, *schw.* trumla, *dän.* tromme *trommeln.* *Altn.* þruma *Donner.*

20. Grum *rauh, schnarrend, tief aus der Kehle, vom Ton.* — Grump *knurren, murren,* Lonsd. *unzufrieden sein* WCumb. grumble. — Grun grumph *grunzen* Sc. grumphey *Schwein* Br. (cf. grunt). — Grumpy *mürrisch* NHampt. Ess. grumpy grumphey Br. — Grumping *Klagen über Unwohlsein* NHampt. grumbling *unwohl.* — Grumph *Unzufriedenheit und Aerger aussprechen,* grumphan *dauernde Unzufriedenheit,* grumphin *dazu geneigt* Bffs. — Grumble *knurren, rumpeln; murren* Ess. *tadeln.* *Ndd.* grummeln *dumpfes Getöse machen, donnern.* Frisch: grumen grummeln *murren, brummen.* *Ndl.* grommen grommelen *murren, böse sein. Es klingt ags.* gram grim *(grimmig) bisweilen durch.* *Wal.* grwm (murmur, growl) gryman *to grunt, to drone); göl.* gruaim (gloom, sullenness). — *Frz.* grommeler *brummen, zwischen Zähnen,* grumeler *15. Jahrh.; wallon.* groumi, *Berry* groumeler grimoner grimouner, *Pic.* grumeler. *Vgl. ags.* gremettan rugire, fremere, *ahd.* gramizôn, *mhd.* er-gremzen *in Wuth versetzen.*

21. Thump! *Laut von Schlag und Fall; dann der harte, schwere, dumpfe Schlag von einem breiten oder stumpfen Instrumente,* Ess. Dors. NHampt. *harter Käse* Suff.; — *schlagen, mit starkem Laute schlagen oder fallen, stossen, puffen.* dump *klopfen* Dev. thum *schlagen* Hall. — Thumping *Schlagen, gross, schwer, dick, plump* Var.; thumpen Som. thumpin Br. thrumpin Suff. — Dummuck *Schlag* EA. Hall.

Ndl. dommelen *summen wie die Biene, undeutlich sprechen;*

mit auslautenden Liquiden.

belg. dommelen *dumpfes Geräusch machen,* roos- rose-dommel, roerdomp *Rohrdommel;* dän. tumle *grossen Lärm machen,* dumpe *bumsen,* dump *Bums, Plumps, Sturz.*

22. Plump *tüchtiger Schlag* Suff. *Regenschauer, Donnerwetter* Sc. *Menge* MArthure *Baumgruppe* (clump) Br. *Pumpe, Ziehbrunnen* (pump) Cornw; — *niederfallen, plump werden oder machen, mästen; sammeln* Hall., *stark regnen;* — *dick, fleischig, fett und rund* (plumpy). Plumpy *baltern* Cornw.

Ndd. plump! *ndl.* plomp! *bezeichnet den Laut, den ein ins Wasser fallender Körper bewirkt; nhd.* plumps *Laut von Schlag und Fall. Ndd.* plumpen, *ndl.* plompen *mit Geräusch ins Wasser fallen.* dän. plumpe, *schw.* plumpa. *Auch ndd.* plump, *ndl.* plomp *(ungeschickt, roh), schon im 13. Jahrh. (stumpf) und* plumpen stumpf *machen, ndd.* plumperjaan, *ndl.* plomperd *(grober, ungeschliffener Mensch) mag daher rühren und nicht, wie Frisch ableitet, von lat.* plumbeus *(bleiern).*

23. Rome *brüllen* Hall., *laut schreien* rame ream Brock, raum Line.). — Rumble *Rumpeln,* rummle *(dumpferes Geräusch als* reemle) Bffs. rombel Ch. 1981 *(Gerücht)* 8873. rumpus Ess. NHampt. Brock.; — *rumpeln, dröhnen,* rumle Sc. rummle Cr. Bffs. Sc. — Romp *lärmend sich belustigen, wild sein;* rummuck Lonsd. rommock Hall. Romp (ramp Sc.) *wildes ausgelassenes Mädchen.* — Rompish *ausgelassen, lärmend.*

Rum-bus-tic-al *lärmend, wild* NHampt. Cl. *roh, lärmend* Brock. Rum-gum-shus *rauh und mürrisch* Suff. EA. rumgumptious *stolz* Br. Lonsd. Rummle-gump-tion *gemeiner Menschenverstand* Sc.

Rumble-tumble *grosser altmodischer Wagen* NHampt. *Postkutsche* Grose; *Bedientensitz hinter dem Wagen* (rumble , *unordentliche Masse* Wh.

Ndd. rammeln ramenten *lärmen,* rummeln *ein dumpfes Geräusch machen, poltern,* rumpeln *schütteln, stossen, wie ein Wagen auf holprigem Wege,* rum-pumpeln *oft und stark schütteln; schw.* rammel *Geräusch,* ramla *mit Geräusch fallen; litt.* rum-ti *stampfen. — Isl.* rumba (procella pelagica), rumsk (barritus), rumska (barrire, oscitare instar dormientis), rynija (rudere, mugire, bacrire). *dän.* rumle. — *Ags.* hrëman hrÿman *schreien.* Hrëmig (hrÿmig) (querulus, stridulus, gloriosus, exultans) *mag ne.* rum *(vortrefflich, altmodisch) sein.*

12   Lautbildungen

24. Croon *brüllen wie ein Ochse* Br. Cr. croon crean Lonsd. crune North. — Crune Br. Sp. cruin Dougl. — Croon crune *Melodie summen, dumpfe Töne hervorbringen, wehklagen* Sc. *brüllen wie ein Ochse* Cr. — Croon crune *Wehklage* Sc. Teesd. — Cruney gruney *winseln, wimmern* Dev. creen Cornw. — Cruning *Brüllen des Ochsen, Schreien eines verzogenen Kindes* Br. Teesd. — ? Crone *altes Schaf (von der Stimme); Schaf, das mehrere Junge hat und die Zähne verloren hat* Suff.; *altes Weib*. Grun-t *grunzen*, grune Teesd. groine Ch. gruntle grump grumph Sc. — Grunt *brummen, murren, seufzen*, gruntle Cotg. groin Ch. PParv. — Groine Hall. grump grumph (? grim) Sc. — Grunt = grunting *Grunzen*. *Murren* Bfs. groyninge PParv. — Grune *Schnauze* Teesd. groon Cr. Lonsd. groin gruin Br. — Grunny EA. groyne grony groney PParv. grunzie gruntle Sc. — Grun *obere Theil der Schnauze*, groine *Hängelippe* Hall., *Nase, Schnauze eines Schweines* Ch. — Grunter *Schwein* Cr. PParv. (grumphie Sc.). — Grunt gruntle *Unwohlsein oder Unzufriedenheit äussern* Cl. — Gruinnich *unzufrieden sein* Bfs.

Ags. grunian, ndl. grunen grynen. schw. grymta, dän. grynte; ahd. grunzjan, mhd. grunzen.

Kymr. grwn *Grunzen, Klagen, Schnauze*: gr. γρῦ *Grunz en* γρύζω γρυλίζω *grunze*, γρῦλος *Ferkel* Pott 1, 743; lat. grun,d)ire grunnire it. grugnire grugnare, sp. gruñir, pr. gronhir gronir. afrz. gronir, nfrz. grogner, daneben gronder *knurren von Thieren, murren von Menschen*, *dröhnen vom Donner*.

Gäl. croman *summen, Rauschen eines Bachs*: wal. grwn *Girren, girren, summen*.

25. Groan *seufzen*, gronyn PParv. grone Hall. gra ne Sc greean graen WCumb. gryan Teesd. — Groan *Seufzen. Seufzer*. grane Sc. groaning, gronynge PParv. — Groan *Brausen von Wind und Wetter; Schrei des Hirsches zur Brunstzeit* Lonsd. — Groaning *Kindbett* EA. Brock. Glone. groanin Som. — Grony *klagend* PParv. granky Brock. — Grank *leise seufzen* WCumb. — Grainee *übler Laune, stolz* Dev.

Ags. gränian *seufzen*, ndl. greunen, ndd. krönken *wimmern*, ahd. granjan, mhd. grannen *weinen*, grinan *brummen, knurren*.

26. Bang! *Laut oder Schall von Schlag, Fall, Kanone;
Schlag,* Br. Lonsd. *Stock. Keule* N. *Brecheisen* Br. *Art harter
Käse* Suff. whangby Cr. NHampt.; — *schlagen, stossen,* NHampt.
Lanc. Cr. Teesd. Lonsd. WCumb. Sc. bank Exm. *zuschlagen* Hlm.
Br.; *rauh behandeln, schnell gehen* NHampt. Cr. Lonsd. Cumb. —
Banging *sehr gross* NHampt. bangen Dors. bangin Lanc. — Banger
gross Cr. Som. (banka Ess. ; *harter Schlag* Lonsd.; *grosse Person
oder Sache* beanger Bffs., *grosse Lüge* NHampt. Warw. Lonsd. —
Bang-up *künstliche Hefe* Staff. — Bangle *Geld wegwerfen oder
verschwenden* Lanc. — Bung *gewaltiger Schlag, Gewaltthätigkeit ;* —
*mit stolzer Miene oder in übler Laune schnell gehen, übler Laune
werden, sich eines Andern Misfallen zuziehen* Bffs. — Bunx *Eier
quirlen* Ess.

Spank *Schlag mit der flachen Hand* Suff. spang spank *in Bewegung setzen* Linc. spong Suss.
Altn. banka. *schw.* banka. *dän.* banke *schlagen, klopfen;* dän.
bængel, *ndl.* bengel *Prügel,* bingel *Stock; ndd.* bengel, bunge
Trommel. Got. banjan *schlagen, mhd. und nhd.* bengel *Prügel,*
bengeln *prügeln. schweizer.* Bang Bung *Schlag. Stoss.* bangen,
bungen, *nhd.* Bunge *Trommel.* bungeln, bingeln *mit kleinen
Glocken läuten.* binkebank! bingbang! bimbam! *bezeichnet den
Laut des Schlags auf den Ambos.* — Spank *weist auf wal.* yspone
jerk. smack', ysponcio (to smack, to jerk'.

Die *specielle Bedeutung „Riemen, mit Riemen schlagen"
mag ags.* þwang þwong *veranlasst haben, sowie ags.* wange (*Wange*)
*„gierig, mit vollen Backen essen", wenn diese Bedeutung nicht durch
den Laut veranlasst ist: so essen, dass man es hört.*

Whang *gierig essen* Cl.
Whang *schlagen* NHampt. *peitschen* Br. *stark schlagen, niederwerfen* Cr. Lanc. *Schlag* NHampt. Dors. Suff. Cl. *schwerer Fall* Cl.

27. Dang *heftig schlagen,* Eglam. Marl. (ding Alis. Conse.
Lanc. etc. ting West.) *niederwerfen* (ding EA. NHampt. Cr. Lonsd. . —
Dangus *Schlumpe* Lanc. — Dangle *frei in der Luft hängen und
schwingen, baumeln; umflattern.*— Dangler *der Frauen den Hof macht.*

Ding *stossen, treiben* Br. Cl. *wiederholt schlagen oder stossen,
schnell niederwerfen* EA. *überwältigen* Lonsd. *übertreffen* Chesh.
tadeln West: — *tüchtiger Schlag* EA. dinger NHampt. dinging

Hall. tank tonk tunk NHampt.. tank Warw.; *Gedränge und Verwirrung der Menge* Cl. — Dung *niedergeschlagen* Shrops. *überwältigt* N. — Ting *schlagen, heftig schelten* Exm.
Ding-dang *bezeichnet rasche Aufeinanderfolge* Wh. *verwirrt* Sc. ding-dong Wh. dingle-dangle, jingle-jangle *sich vor- und rückwärts bewegen, zittern; nachlässig hängend* Wh.
Ags. denigan, *schw.* dänga dunka, *altn.* dangla *schlagen*, dunka *wiederhallen*. — *Ndd.* dungeln *schwebend herabhängen*, dung-dang *träger Mensch, der im Gehen von einer Seite zur andern schwankt; altn.* dangla, *schw.* dingla, *dän.* dangle dingle *hin und her schwingen, baumeln*. — *Ahd.* tangol *Hammer, mhd.* tengeln *hämmern, klopfen, stampfen*, ge-tengel *Hämmern, Klopfen; nhd.* dengeln tengeln Dengel Tengel *(Schneide oder Schärfe einer Sense oder Sichel)*.

28. Tink *hell klingen, wie eine Glocke*, Lonsd. tang tong NHampt. tong West., tingle. — Tink *läuten*, ting EA. tang Hall. — Tink *Klingeln*, tinkle tingle *Glockenklang*. — Tingle *sausen in den Ohren*, tinkle *jucken, prickeln; Sausen*. — Tinkle *klingen, klingen machen, klimpern*. — Tinker *Kesselflicker* PP. 3109 tinkler Br. Cl. Lonsd. Bfs. Sc. — Tinker *zusammenflicken* NHampt.
Ting-tang *kleine helle Glocke. Hausglocke* EA. ting-tong *Glockenklang* Br. tingle-tangle Wh.
Ndd. tingle-tanghen tintinnare (Kilian). *Lat.* tinnire *von Metall*, tinnitus tintinnabulum *Schelle; frz.* tinter *läuten, klingen*. *Wal.* tine tincian.

29. Finch, chaffinch, pink *Finke*, Lanc. (a kind of linnet) Linc. pink pinch twink Som. spink. EA. Lonsd. gold-, goud-spink Sc. spinx Suff. pinchem *Meise* Beds.
Ags. finc, *ndd.* finke, *ndl.* vink; *dän.* finke, *schw.* fink. — *Ahd.* fincho, *mhd.* vinke *Finke; vom Gesang: nhd.* pinken, binken, (Wunderh.). *Wal.* pinc, pincyn, winc, gwinc, ysbincyn; *bret.* pint, tint; — *it.* pincione, *sp.* pinzon, *frz.* pinson, *lat.* frigilla fringilla, *frigutire zwitschern, von der Dohle* fringire fringulire frinculire fringulare frigulare grincire grintire gricire Wack. 48.

30. Jangle *unharmonisch klingeln, klappern, rasseln* (jingle jink Cr. EA. Lonsd.); *plaudern schwatzen* Sh. Ch. jangelyn ganeryn jaberyn PParv.; *zanken, müssig umher schweifen* Cr.; — *un-*

harmonischer Klang, jink Br., *Schwatzen*. — Jangler *Schwätzer*, *Zänker*, Ch. jangelere PParv. jangleress Ash. — Jangle-some *lärmend*, *zänkisch* Suff. — Jingle *Klingen*, *Klappern*, *Klapper*, *Glocke*, *Schelle*; — *klingen*, *klappern*. — Jingling *lärmend*, *wild* NHampt. — Jink s. v., *sich plötzlich wenden oder schwenken*, *einem Schlage ausweichen*, *entschlüpfen* Sc. jinks *Scherze*, *Kurzweil* Sc. — Jinker *munteres lebhaftes Mädchen*, *witziger Mensch* Sc. — Jingle-brains *wilder gedankenloser Geselle* Hall. Cr. — Jingle-jangle *unharmonischer Klang* Wh., — jingle-jangles *Flitter* Hall. — Chink *heller Klang*, *kleines Geld*.

Ndd. janken *heulen*, *belfern*; *den Laut hervorbringen*, *den Hunde und andere Thiere unter Schlägen*, *im Schmerze oder in heftiger Begierde hören lassen*, ndl. winseln, heulen, betteln, zanken. *Lat.* gannire *belfern vom Hund und Fuchs*, *schwatzen*, gannitus *Belfern*, *Zwitscherei der Sperlinge*, *Schwatzen*; afrz. jangler *heulen vom Hunde*, *rasseln*, *spotten*.

31. Owl *Eule* owlet, ule ON. oule Gow. ullet Lanc. owlert Shrops. howle Nom. howille Wr. 15. hullet Hlm. howlet *(weisse Eule)* Br. hoolet Heref. hullart Som. wullerd Shrops. — Owl *Motte* Suss.; — *Schleichhandel treiben*, *spähend umhergehen* West. — Owler *Schmuggler* South. — Owlish *eulenartig*. — Owly *einfältig* Suff. huly *mürrisch* Durh. — Howl *heulen*, *wie Wolf*, *Hund*, heawl Lanc. wule Suss.

Ags. cowle ûle, ndd. ûle, ndl. uil; isl. ultn. ugla, dän. ugle. *Ahd.* uw-ila, uwela ûle huwula *Eule neben* ûwo ûhu hûwo hûo; mhd. iuwel hûwe hûwele hiuwele. *Skrt.* u *brüllen* Pott 1. 641. gr. ἀΰ-τη Schrei. Kslav. vy-ti *tönen*.

Skrt. ul *heulen*, ulul-i *heulend*, ulûka *Eule*, gr. ἐλ-άω *heule*. ὀ-λολ-ύζω, lat. ululo ulurus, lit. ul-oju. Frz. hibou *Chu*, *Nachteule*. Ndd. hûlen, ndl. huilen; altn. ỳla, dän. hyle, ahd. hiuwilôn, mhd. hiuweln hiulen *heulen*. Wal. hwi (to halloo), hwhw (hooting on an owl).

32. Quoil *Lärm* Hall. — Qualme *Rabengekrächze* Hall.

Squall *rauher heftiger Schrei*. *heftiger Windstoss* squarl *(an* whirl *anklingend)* Ess.; — *schreien wie ein furchtsam Kind*. — Squaller *Schreier*. — Squalloch *lauter Schrei* Bffs. — Squalley squally *windig*, *stürmisch*.

Squeal *langer schriller Schrei, wie der des Schweins, das geschlachtet wird; laut schreien,* squeel EA. Sc.
Es ist wohl weniger verbunden mit ndd. kallen *reden,* kelsken *zu laut reden oder* queelen *singen, zwitschern wie eine Lerche, als mit gäl.* sgal *plötzlicher Aufschrei, Heulen des Hundes, Windsbraut, schreien:* sgalach *schrill und scharf. Vgl. ne.* gale.

33. Wraul *miauen* Sp. waul Sh. cater-waul; loal York. — Wawl *schreien* Hall. EA. waul wowl Lonsd. wule Suss. wral Hall. Schw. wråla, dän. vraale *grässlich schreien, brüllen.*

34. Bell *Schrei des Hirsches in der Brunstzeit* Hlm. Brock. Sc.; — *schreien wie ein Hirsch; brüllen wie ein Ochse* PParv. Ch. = belder Cl. — Beal beller *schreien wie ein Kind* Teesd. Brock. bellar Ess. belder Cl. belder bellock NHampt. — Belderer *Schreier* NHampt.

Bawl *schreien, auch von Hunden, die nach der Spur suchen* Hall. boal Lonsd. — Balle *Name eines Schafs* PParv., *auch der eines Hundes* Hall.

Ags. bellan *bellen, ahd.* pellan, *mhd.* billen; belle bille *Hund, Hündin; ahd.* mist-bella mispel *Hofhund, daher noch die Hundenamen* Bello Bella. *Nhd.* Beller *wachsamer Hund.* Bellerlein *Händchen,* ballern, tumultuari GW.

Altn. belja *brüllen, vom Kalb* (= *schw.* höla), *dän.* bjaelde bjaeldre *belfern, bellen; klingen, gellen und das weist auf ags.* ndd. belle, *ne.* bell, *schw.* bjellra, *dän.* bjaelde *Glocke.*

Lat. balare (bē-l-are) Pott 1, 265, *it.* balare, *prov.* belar, *frz.* beler.

35. Bol-g bel-w) bellow *blöken, brüllen, schreien; schreien wie ein Hirsch* Lonsd. Sc. belwe PP. 7258 bellewe Wicl. — Belg *laut schreien* Som. Shrops. belve Dev. bellock Som. NHampt. belluck Glouc. — Bellow *Brüllen, lautes Geschrei,* beeling Cumb. belving Dev. belvering NHampt. bellaking N.

Bellrag *schelten* Heref. ballirag Som. balrag ballyrag balleragbalarag bullyrag Var. barry-wrag *(in dem der Herausgeber ags.* bealu [*Uebel*] *und* wrēgan [*rächen*] *erkennt).*

Ags. baelcan *laut schreien und* bulgian *brüllen;* ndd. belken boleken *oft brüllen, wie eine Kuh;* ndl. balken *schreien, vom Esel:*

ndd. bulken *rom Ochsen, laut weinen, beim Singen schreien,* bulk-hals. *Nhd.* bulken bölken *von Ochsen, Kühen, Löwen.* — *Das vielgestaltige* bellrag *ist durch doppelte Augmentativbildung entstanden* -er *und* -ock: bell-er-ock, *und dieses fand mehrfache Ausdeutungen.*

36. Belch, belk *rülpsen, aus dem Magen aufstossen, sich übergeben* Brock. Cl. Lonsd. balke Hall. bealke Elyot, belk boak booak Cl. boke bowk bouk Brock. bouk boak bock Sc. boken Hx. Hlm. boke EA. puke Hlm. volk PP. PParv. voke EA. — Puke *Brechmittel* Hlm. Teesd. Lonsd. — Belch, belsh Cr. balche Huloet *Erbrechen:* belch *Explosion in Kohlenbergwerken.*
Ags. bealcian bealcettan belcettan *rülpsen* = bälkan, *ndd.* sich belgen *sich erbrechen,* walgen *Ekel empfinden, so dass das Erbrechen nahe ist.*

37. Bu-ll *Ochse, Verstoss im Reden, Vusion; Wetzstein* bull-stone) Cr. *Instrument den Boden festzuschlagen* Cl. — *nach dem Ochsen verlangen (von der Kuh) und (vom Ochsen) auf der Kuh reiten* Cl. bull up *(vom Rindvieh) die Umzäunung durchbrechen* Cr. — Bully *älteste männliche Glied der Familie, Vorkämpfer* Brook Lonsd. = billy *(das* Brock. *vom nhd.* billig *herleitet)* Cumb. Sc. *Prahler, Eisen fressen, prahlen.* — Bullock *junger Ochse,* PParv. brüllen, EA. bramarbasieren Cl. Cr. EA. — Bullocking *laut lärmend, prahlerisch* Cl. — Bulling *Wetzen der Sense* Cr. — Buller *brüllen* Brock. — Bull-ward *(von einer Sau) nach dem Eber verlangend* Dors. — Bullen *(von der Kuh) nach dem Ochsen verlangend* Som.
Isl. baula *brüllen,* bauli *böli Ochse,* baula *Kuh; ndd.* Bulle, *ndl.* bul, *nhd.* Bulle; büllen *brüllen;* Buller *Bullenbeisser* Bullenkalb, Bulle, Bull-ochs. *Ags.* bull-uc-a *Kalb.*

38. Buller *eigenthümlich rauschen; gurgeln, wie Wasser aus dem Halse einer Flasche* Sc.
Ndd. bullern, Buller-born, bullerig; s. *Folgendes.*

39. Bolder *Knall* N. — Bolders *runde Steine* Var. = bolderstones Wilts. bulder-stones Hall. — Boldering *lauter Schlag. Donnerschlag, Schuss* Cumb. — Buldering *schwül* Dev. boldering *(gewitterhaft)* day N.

Ndd. bullern buldern *poltern, schw.* bullra, *dän.* buldre *tosen, donnern. Nhd.* boldern poltern bollern, boller *kurzes, dickes Schiessgewehr,* böller pöller bölner *kleine Kanone. — Ndd.* bullerbäk buller-jaan *Polterhans,* buller-water *ungestümes, rauschendes Wasser, besonders um Kinder vor Wasser zu erschrecken.*

40. Yelp *bellen,* belfern, kläffen, *wie der Spürhund nach seiner Beute oder vor Schmerz,* yaup yawp Cr. Cl. yap Cl. EA. yappee Dev. — Yelper *junger Hund* Hall. yap Cl. EA. — Yelping *Bellen,* yappen Suff. yapping NHampt. — Yabble *Hundegebell; heftig bellen* Bffs. — Yepping yeppeting *Hund, der bellend seine Beute verfolgt oder der Fremde anbellt* Gloue. — Yaup *schreien wie ein Kind* Cl. Brock. yap yaup Sc.; — yaup *laut und schnell mit schriller Stimme sprechen* Cl. yape Suss. — Yappy *eigensinnig, reizbar* N. — Yoppul *unnöthiges Geschwätz* South. — Yaapping *Klagen. Ruf der Küchlein nach der Henne* N. Hall. — Yepping *Vogelgezwitscher* Hall. — Yiip *zirpen von Vögeln* Lensd. *von Vögeln und Mäusen* WCumb. — Yip *von Vögeln* EA. — Yipper *munter* EA.

Ndd. galpen galpern galfern jalpen jalfern *durchdringend heulen, winseln, pfeifen wie junges Federvieh; ndl.* galpen *krächzen wie ein Rabe, bellen wie ein Fuchs, schreien; dän.* gylpe gulpe *krächzen. Mhd.* galpen kläffen, gelfen *laut werden, bellen. Vgl. ags.* galpian *Beifall klatschen, stolz sein. — Frz.* japper *bellen,* kläffen.

Ndd. jipen jipern *piepen, pfeifen;* jip! jip! *Lockruf der Küchlein.*

41. Brrr, birr, birring *das schwirrende Geräusch, das jeder die Luft rasch durchschneidende Gegenstand bewirkt, das Schwirren der Rebhühner, der Bogensehne,* whir Br. Co. — Birr *gewaltsame rasche Bewegung* Cl. Br. wirr Bffs. whirl.

Burr *schnarren in der Aussprache des* r Bffs. hurr whur; whir whur Sc. — Pur purr schnurren, *Schnurren von der Katze* Th. — Purring *Schnurren des Kreisels* NHampt.

Birl *schnurren, wie das rasch gedrehte Spinnrad* Br. bere Hall. — Purl *rauschen, murmeln, rieseln.*

Wurr! *Laut, Hunde zu hetzen; Knurren des Hundes* Bffs. — Wirr wurran *Anfall schlechter Laune* Bffs. whur. — Whir *schnurrend sich umdrehen, schwirrend auffliegen* Cr. Br. — Whirl, Ch.

PParv. Wiel. whurl Sc. swirl, NHampt. B. swurl Cumb. worra
Som. — Whir *eilen* Sh. *vgl.* hurry, Teesd. — Whur *knurren, wie
Hunde* Hall. harr N. hurren *summen von Bienen* PParv. — Whirles
Wasserwirbel Sc. — Whirlers *Oberstrümpfe um die Knöchel*. —
Whirl-wind, quirl-wind RA. 1. G. whorrell-winde Hall. — Whirl-pool,
hurle-poole Florio, p. 81. — Whurl whurly *listiges, einschmeichelndes
Kind, Schmeichelkätzchen* Sc. — Wherry *lachen* Lanc. Cr. *Ge-
lächter* Cr. — Wherret *Schlag* Som. wherrit Suff. — Whirli-gig
Kreisel, whurligig Sc. whyrle-gygge PParv. whirle or hurre Ortus.
pirlle Medulla. — Whirli-puff *Wind-*. *Staubwirbel* NHampt. swirl
swirrel Lonsd.

Tir-wir *brummig, zänkisch* Jam. — Currie-wirrie *bezeichnet
gewohntes Knurren* cur Bffs. — Tirlie-wirlie *verwickelt* Jam.
Kreisel, Strumpf, Schmuck Wh.

Swear *schnurren, knurren von zornigen Hunden und Katzen*
Hall. — Sworle *von Hunden* Suss. — Swirl *Knoten im Holze*
Sc. — Swerle *drehen, umdrehen* N., *schwanken im Gange* Br.
Haarflechte Br.

Ndd. burreln purreln *hervorsprudeln, ndl*. borrelen, *nhd*. burren
purren *brausen vom Sturm, Spinnrad, girren von der Turteltaube*,
purren *von aufsprudelndem Wasser,* burren *vom summenden Fluge
der Käfer, Tauben, Schmetterlinge,* purren *und* schnurren *von
einem ungestümen Menschen, ebenso* schnurren, murren *und* burren;
br! brr! burr! *Ruf des Fuhrmanns, die Pferde zum Stehen zu
bringen, bezeichnet auch das Geräusch, wenn der Hund knurrt,
die Katze schnurrt, der Käfer surrt und burrt, das Spinnrad
hurrt und burrt*. Taube, Schmetterling *und* Fliege *burren* GW.

Gäl. burd (a hum), burdan *a humming noise, grumbling)*; *wal*.
bwrlymu *to gurgle, to bubble*.

Ndd. wiren wirren *drehen*, *dän*. hvirre hverre virre; *ndl*.
wieren, swieren (Kil.).

Schw. svirra *schwirren,* surra *summen*.

It. pirlo *Kreisel*, pirlare *sich drehen*.

42. Hurr *ein dünnes Brettchen, das, wenn es an einen
Faden gebunden und geschwungen wird, einen schwirrenden Ton
erzeugt* Hall. *Laut des r*. — Hurry *ungestüm eilen;* — *verwirren;
fortschaffen* N. *stossen, streiten* N.; — *Lärm, Tumult* (hurly Sh.).

Lautbildungen

Schwarm, Haufen (hurrok Durh.), *grosse Eile. kleine Ladung Heu oder Korn, die vor dem Regen heimgebracht wird* EA.. *Streit.* — Hurrion *Schlumpe* York. — Hurri-some *eilig, leidenschaftlich* Dev. Hall. — ?Harri-man *Eidechse* Shrops. *von der Schnelligkeit.* — Hurrone *summen wie Bienen* PParv. hurre *knurren* Jonson harr N. — Hurl *brausen, wie der Wind* N. *wirbeln, sich schnell bewegen; schleudern; Getümmel, Schleudern.* Hurling *ein Ballspiel.* — Hurly, hurly-burly *Getümmel. Getöse: Wirrwarr: lärmend, verwirrt.*

Schw. hurra, *dän.* hurre hyrre *schwirren. Mhd.* hurren *sich schnell bewegen. Schweiz.* hurren hurrnen *Ball schlagen,* hurrlen *mit dem Brummkreisel spielen; nhd.* hurren *vom Spinnrad.*

Vgl. lat. ululare *prov.* ulular ullular, *sp.* ulular. *Berry:* üler huler, *norm.* huler heuler. *it.* ululare ulolare urlare. *frz.* hurler *heulen, schreien;* hurlu-berlu *unbesonnener Mensch, Hans Topps. S.* § 30.

43. Gnar *knurren* Sp. Cr. Lonsd. gnar-l. — Gnar *zanken* Lonsd. Cr. nyirr Bffs.; *nagen* Line. Lonsd. to gnaw. — Gnarler *kleiner kläffender Hund.* — Nyirr *Knurren eines bösen Hundes, üble Laune* Bffs.

Ags. gnyrran, *ndd.* gnarren *knarren, kreischen wie Kinder, verdriesslich sein. Schw.* knarra *knarren, brummen,* knorra *murren. murrend tadeln,* knarka *knarren, knirschen: dän.* knarre knarke knerke knirke, knark *alter Murrkopf.*

Nhd. knarren *von Thür, Thor, Rad, Thürdrücker. Treppenstufen, rollen Körben, neuen Schuhen; von Zähnen und Federn: von Menschen und Thieren,* Knarr-ente *Schnatter-Ente.* Knarr-huhn *Trompetenvogel. Augmentativ* knarsen knarzen; knärren knerren *schreien wie kleine Kinder, zanken.* Knirren *bezeichnet ein feines Knarren von Wagen, Rad, Thür, Säge, Tau, Strick; von Schnee. Sand, Feder, Zähnen,* knirschen *besonders von Zähnen;* knurren *von Hund,* Knurr-hahn *mürrischer Mensch.*

44. Querk *grunzen* Exm. West. quirk Dev. — Quirk *den Athem heftig ausstossen* Dors. West. — Querken *ersticken* NHampt. PParv. Cr. whirken Cotgr. — Wherken *würgen* Lanc. *krampfhaft seufzen* Cr. *schwer athmen* Cr. = (wherk Hall.).

Altn. hráki *Speichel,* kverk, *Kehle, Hals*

Ndd. worgen *wurgen*, quirk-halsen worg-halsen *sich würgen, wie Einer, der etwas im Halse Steckendes herausbringen möchte*, quarren *quaken*, polternd *im Leibe gurren*, *murren*, Schleim und Speichel mit Geräusch auswerfen, *sich räuspern*. Vgl. wal. chwyrnu *to hum, whiz, snort, snarl, snore*).

45. Snar *knurren* Sp. PParv. Palsgr. — Sner *schnarchen* Hall. snore Sh. PParv. snoor Lane. snurt Cotgr. snort. — Sneer *verachten durch Nasenrümpfen, Lachen, verächtliche Miene*. — Snire *nicht laut, aber spöttisch lachen* Cl.
Snar-l *knurren, brummen; Zank* Som. — Snarler *knurrendes Thier, Murrkopf*. — Snirls snirrels snells *Nasenlöcher, Nüstern* Cl. snurls Hall. — Sneuls *(von Schafen)* Br.
Snor-t *schnauben, schnaufen*, = sneer Sc. — Snort *stark lachen* Br. York. = snirt. — Snort *Nase rümpfen in Zorn und Verachtung* Ch. snurt Cotgr. — Snirt *Laut des unterdrückten Lachens* Br. the snirt of a cat Hall. — ?Snorter *Weisskehlchen, Weissschwanz* Dors.
Snoor-k snooke snoke *riechen, indem man die Luft stark und hörbar einzieht* Cl. sneak N. snoke Br.
Ags. snora *Niesen;* — ndd. snarren *schnarren, murren, das r schnarrend aussprechen*, Snarre *Garnwinde, alte Kuh*, snirren *heller und* snurren *dumpfer klingen, ebenso unterschieden* Snart Snirt Snurt *crepitus* ventris; snurren *wie Käfer, Spinnrad*, schnarchen = snoren snorken (schnorgeln *Nürnb*.), Snurre *Nase, Schnauze*. — Ndl. snurren *von Fliegen, Katzen, Spinnrädern*, schw. snorra; snorken *schnarchen* = isl. snarka, dän. snorke, altn. snörgl *Schnarchen*. — Mhd. snar *von Posaune und Schwalbe*, snarren *schmettern, schwatzen*, snarre *Maultrommel*, snirren snurren *rauschen, brummen*; nhd. Snarz Schnarf *Wachtelkönig;* vhd. schnarren schnurren *auch von der Drossel wie* zärren zärrezen, Schnarrer Schnerrer Schnarrdrossel Zärrer Zärrezer *Misteldrossel*.

46. Blare *brüllen, blöken;* blare blar *vom Schaf, Kalb, Esel, Kind* EA. Lonsd. bleare Dors. blare *schreien, weinen* Ess. blore *brüllen* PParv. — Blare *die Zunge herausstrecken* Teesd. Jam. bleare Palsgr. — Blaring *lautes Sprechen, Schreien* Cr. NHampt. — Blore *brausender Wind*.

Blart *blöken* NHampt. — Bleart *lärmen*, *schelten* Hall. —
Blurt *ruckweise sprechen* Cl.
Ndd. blarren heulen, *weinen*; *ndl.* blaren *brüllen*, *wie eine
Kuh*; *dän.* blar blaer blarren. — *Mhd.* blëren *blöken wie ein
Schaf*, *schwatzen*, *schreien*: *nhd.* blarren blärren blerren plerren
und blaren bleren *vom Lamm, von der Ziege, Kuh, sogar von der
Katze* GW.

47. Yerk! jerk! *Laut eines Zucks, Rucks, Schlags.* — Yerk
zucken, schlagen Sc., jerk Cr. Florio, jert Lanc. Lonsd. — Yerk
Zuck, Stoss, Schlag, yark Cr. jerk Suff. jirk Sc. — Yark *mit der
Peitsche, Gerte schlagen* Cl. Cr. *hart schlagen* Cl. Cr. Lonsd. Lanc.
hart arbeiten Biss. *etwas heimlich ergreifen* Cr. — Jerk *werfen,*
jert Lonsd. — Jerking *unruhig, lärmend* NHampt. — Jert *auf-
fahren, sich rasch erheben* Lonsd., yark Cr. jerdle *tanzen* Lonsd. —
Yarker *etwas Grosses,* yarkin *gross* Lonsd.
Isl. hrekja *schlagen,* *dän.* rakke *durchprügeln.* — *Wal.* terk
Schlag, Stoss. — *Vgl. ndd.* scheren *schnell fortziehen, von den
niederen Wolken, die schneller ziehen als die oberen: von den
Vögeln, die durch einander fliegen:* se scheret, se 'höldet enen
Scheer-danz; *daher eine Art Wasservögel oder kleiner Möven*
Scheerke. *Ferner* scheren *Bogen machen beim Schlittschuhlaufen.*

48. Chirre *girren, wie Tauben* Jun., *zwitschern* Hall. —
Churr *schreien wie Rebhühner im Lager, lärmen wie Sperlinge und
Staare, schwirren* Cl. — Churre *Vogel* Hall. — Churring *Schwirren
der auffliegenden Rebhühner* Lonsd. Cotgr.
Cherry-churry *Ruf des gelben Laubvogels (Bastardnachtigall)* Wb.
Chirp *zwitschern von Vögeln.* Ch. (*von Mäusen* Palsgr.), chirk
PParv, chirl chirm Sc. chirm Brock. AR. 152. Teesd. chelp
NHampt.
Chirm *singen, wie Vögel vor dem Sturme* Teesd. *Subst.* Brock.
Ags. cërian cëorian *summen, klagen;* cir-m *Geräusch, Geschrei,*
cyrman *schreien; ndl.* kirren *ängstlich schreien, wie Hennen beim
Anblick von Raubvögeln; ndl.* kirren koeren *girren, klagen. Ahd.*
cherran *schreien, grunzen, wiehern, rauschen, knarren. Nhd.* kirr!
kirre! *Weidmannsruf beim Auffahren einer Schnepfe.* Kirre
Turteltaube. Eisente, kirren *von der Taube, Grille, vom ängst-
lichen Schreien der Hühner, auch von Wagen, Thüren. Zähnen;*

zir zir *Ruf der Drossel und des Sperlings* Wack. 24 u. 27, schjirb
Ruf des Sperlings Grimm Gr. 3, 308, Wack. 27

49. Yarr *knurren wie ein Hund, zarren garren* Wie'. char Cl.
Night-jar *Nachtrabe*.

Vgl. gäl. garrag *junge Krähe*, gairm *krähen*, gair *langgezogener
Klageton;* wal. garan *Kranich*, garm gawr *Schrei; der Stamm
der Wörter ist* skr. W. gar *rufen*, *vgl.* Curt. Gr. Etym., 2. Aufl.,
S. 161. *Den oben* § 9 *genannten Wörtern liegt die* indogerm.
W. kar *zu Grunde* (Curt. S. 141 *Nhd.* karren *seufzen*, *dann*
= knarren.

50. Gurgle *mit eigenthümlichem Geräusch fliessen*, *wie Wasser
aus der Flasche*, Dors. gargle. — Gargle *gurgeln, sich gurgeln*,
guggle Warw. a gargling brook. — Gargle *Gurgel, Schlund,
Gurgelwasser*. — Gargoyle *vorspringende Wasserröhre*, gargel Hall.
gargyle Palsgr. — Gargulye gargyle gargelln gargyllu PParv.

Ndd. gorrea gurren *einen Ton im Halse hören lassen bei geschlossenem
Munde, wie trabende Pferde; gurgeln*, guren gurren
poltern in den Eingeweiden; ndl. gorgeln, schw. gurgla.

Skrt. garjati *brüllen, brummen, tönen, brausen, tosen*, garga
Elephant. Brüllen desselben, gargi *Getöse des Donners. Daneben*
gar-gara (*Strudel* gurges) *wahrscheinlich R duplication von* gar
(*verschlucken*) Pott 3, 437; *gr.* γαργαρίζειν, *lat.* gargarizare, *frz.*
gargariser, gargarisme *Gurgeln, Gurgelwasser*, gargouille *Wasserrinne,
Wasserspeier, sp.* gargola, *mlat.* gargulo.

Lat. gurgulio, *ahd.* gurgula, *mhd.* gurgile *Gurgel*, gurgelen
(*im Bauche knurren*).

C. Mit Zischlauten im Auslaute.

51. Buzz *Summen der Bienen und anderer Insecten*, bizz
Sc.), *Wispern, Murmeln, Gerücht;* — *summen* bizz Br. Sc.; *wispern,
ausplaudern, eine Flasche leeren*. — Buzzard *Motte, die bei
Nacht fliegt* Cr. blind-buzzart *Maikäfer* Shrops.; — bussard *starker
Trinker* Hall. bezzle Suff. bezzle *stark trinken* NHampt. Teesd. Suff.
Hlm. Lonsd. Cl. = guzzle Som. Ess. Suff.

Ndd. buus! bous! kreeg he euen (*er bekam einen Schlag*,

Lautbildungen

dass is puffte), *vgl.* house § 16; bissen venereo stimulo agi; *alem.* bizzen *summen*. — *It.* buzzicare *summen:* s. buc § 2.

52. Huzz *summen, wie Bienen* Lanc. huss Palsgr. huzzy Dev. == ouzz. — Hussle *rauschen* Sc. — Huzzit *Buchstabe z* Lanc. izzard Wilts. Teesd. izzet Cr. izzard izzet Br.
Hiss *Laut des Buchstaben s. Zischen der Schlange. s aussprechen, zischen* (hish West.). *zornig. unzufrieden sein* Cl. == sizzen N.
Heeze *schwer und hörbar athmen* Cl. hisk Cr. Lonsd. wheeze.— Heeze *Krankheit bei Schweinen,* husk Hall. — Heezy heazy *schwer athmend.* Cl. == wheezy. — Hiskie *Hund* Bfs.
Nfl. hissen hisschen *zischen*, hissen hussen hisschen hitschen hetsen *hetzen.* == *ndd.* hissen, uut-hissen *auszischen. Schw.* hyssa *durch eintönigen Gesang oder Laut kleine Kinder in Schlaf bringen;* dän. hysse *zischen, durch Zischen zum Schweigen bringen.* — *Wal.* hust (buzzing noise), husting (to buzz, to whisper). Whiz *Laut zwischen Summen und Zischen* Hlm. wheaze Cr. — Whiz *summen, zischen,* Lonsd. whizzle, whuz NHampt. — Whizzen *winseln* Lonsd. — whizzer *Läye* Lonsd.
Wheeze wheezle *schwer athmen* Lanc. Teesd. wase *(ags.* wäsend *Luftröhre)* EA. whazle N. — Wheezy *schwer athmend,* NHampt. s. heeze.
Whither *Geräusch durch den Widerstand der Luft bewirkt* Lonsd. *ags.* wider whitherick *junges Rebhuhn* EA.
Ays. hweosan spirare Bosw., *altn.* hwaesa, *schw.* hväse, *dän.* hvise *zischen.*

53. Fiz fizz *Zischen,* Sc. fizzle Suff. — Fizz *zischen,* Br. Sc. EA. siz Lonsd. sizzle Suff.. fisle fissle fistle Sc. Br., fuzz Suff. — Fizz *ersengen* Br. sizzle NHampt. — Fise lirida Nominale MS. fiest Hall. fyy-t PParv. == fizz fizzle foist. — Feeze *kreischen, wie eine Schraube* Sc. — Foze *schwer und laut athmen* Bfls. *Subst.* — Fos-ball, fuzz *Bofist*, fuzz-boe Lane. == puffist puffball.
Ays. fist, *ndd.* fiest, *ndl.* vijst veest; *ndd.* listen, *ndl.* veesten. *Mhd.* vist, boum-vist, *nhd.* Bofist, Puffist, Pfatist, Bubenfst. *Grimm aber leitet* Bo- *von* buffen, puffen *ab. Isl.* fisa. *dän.* fise. *Lt.* vessire, *frz.* vesser.

mit Zischlauten im Auslaute.

54. Hist! *Aufforderung zum Schweigen*, whist Cumb. whisht.
Cr. — Whist whisht Sc. pist! Hall. hush, hushte! Cr. *Daher*
Wist *stille*, hush, husht Lanc. — Whist *Kartenspiel*, whisk
NHampt. Cr. Teesd. — Hist *schweigen, stille sein* Sp., *stille werden*,
hush, husht Lanc. hosch Rits. — Hush *besänftigen, daher* hushaby. —
Hust *Schweigen* Hall. whist Sc.
Ndd. tuss! tusse! *ndl.* st! sus! nu sus! sussen *besänftigen*,
ndd. tussen, *daher* vertussen *vertuschen*; *nhd.* bst! pst! bisten,
pisten, *d. i.* bst *rufen*. — *Dän.* tys! tysse; *schw.* st! tyst! tysta.
Wal. ust *still! Schweigen*; ustio *zum Schweigen bringen*, hust
Stille; *gäl.* tosd *Schweigen*, bi ad thosd! uist! eisd!

55. Whisper *Wispern, Flüstern; wispern u. s. w.*; whister
Wicl. pister Exm.
Aus. hwisprian, *ndd. ndl.* wispeln. *Ahd.* hwispalōn, *mhd.*
wispeln *wispeln*, wispern *und daneben* bispern, pispern, lispern,
flüstern; *dän.* hviske, *schw.* hviska.

56. Suss! *Laut, die Schweine zum Futter zu rufen* EA.
Lonsd.; — *schlucken, schlappen wie ein Schwein* Hall.; —
schlechtes Gericht, Mischmasch EA. soss Var. — Soss! *Laut, die
Hunde zum Futter zu rufen* Br. *fressen wie Hunde* Br. Teesd.
Hfx. Hlm. Cl. Sc. *Hundefutter* PParv. sosse Palsgr. — Sossle sorsle
*durch einander mischen, seltsame Mischung, besonders von Medicin,
Mixtur* (?*sorcerer*) EA. — Sosslings *gebrauchte Theeblätter* N.
Souse! *Laut durch Schlag oder Fall veranlasst*. — Suss *Fall
ins Wasser*. — Sussack *Fall, Schlag* Suff. — Soss *schwerer Fall*
Lonsd. Sc. *Flüssigkeit aus einem Gefäss ins andere giessen* Som.
NHampt. *fallen wie etwas Weiches und Schweres* Sc. *ins Wasser
fallen* Cl. *schwerfälliger, tückischer Mensch* Cotgr. — Sosh *ein-
tauchen* NHampt. — Souse *heftiger Schlag, Fall* Suff. EA. NHampt.
Br. souse sawse Hlm.; — *über etwas herfallen u. s. w.* Br. —
Sussle *Lärm, Störung, ungehörige Einmischung* Suss.
Soss *trübes, schlammiges Wasser, Pfütze* Cl. Br. *darin umher
gehen* N. *Trübes, Schlammiges, Schmutziges* N. — Sossed *getränkt,
gesättigt* Lanc. soot *beschmutzt* Hall.
Ndd. susen *sausen*, *ndl.* suizen *vom Wind, Wellen, kochendem
Wasser*; *schw.* susa *von Laub, fliessendem Wasser*, *dän.* suse. —
Mhd. sûs *Sausen, von Wetter, Wind, Wasser*, *verb* sûsen, sûse

Art Jagdhund. siuser *Eule.* — *Lat.* su-surr-are. — *Frz.* susseyer zischen.

Der Laut und Vorgang des „ins Wasser fallen" kann das Merkmal „schmutzig" veranlassen, doch kann dieses auch aus „Schweinefutter" oder sogar aus sow herzugetreten sein. — *Gäl.* sos (unseemly mixture of food) N., susdal (bustle about nothing); *wal.* swei (what is soaked), swg (soak). swga (soaked, slovenly), swgan (slut. slattern).

57. Douse *Schlag* Cr. douce Hall. dowse Br. Wilts. Dors.; — douse *Schlag*, *Stoss* Som. *Faustschlag* Cl. *Schlag auf den Kopf oder ins Gesicht* NHampt. (touse Som.); — *schlagen.* Cl. *ins Wasser stürzen*, *untertauchen* Cl. Lonsd. NHampt. *mit Wasser bespritzen* Lonsd. NHampt. Touse *sehr leichter Schlag mit der Hand* Dors., towse *Unruhe, Verwirrung* West. Dors.

Ndd. perduus! *nhd.* pardauz! *Ausruf, wenn etwas plötzlich oder mit Geräusch fällt:* ndl. doesen *heftig schlagen, so dass es s hallt.* Mhd. dōz duz *Geräusch, Getose von Donner, der Glocke, den Vögeln, dem Wasser u. s. w.* duz *auch vom Rauschen des Wassers,* dösen ahd. dōsōn *tosen.* Gäl. duiseal *Peitsche.*

58. Siskin *Zeisig* Dict. 1593. — Siss to hiss Linc. sizzen N. — Sissing a hissing serpent Hall. (1400). — Sizzle *Ton zwischen Zischen und Seufzen, wie bei der Feile.* *Ndd.* ziseke, *ndl.* zysje zisje; — *ahd.* zis zise, *mhd.* zise zisel zislin zisee. — *Dän.* sisgen. *schw.* siska. — *Poln.* czyż czyżyk. Gr. σίζω *zischen, auch vom Gesang der Amsel* (σιπίζω) Wack. 48 = *lat.* cincinare zinzilare, cincitare zinzitare, fringultire, selingere.

59. Rase *knurren, wie ein Hund* Hall. PParv. Ortus. — Rasing *Heulen, Plärren* N. — Reissle reessle *mit Geräusch fallen, derb abprügeln* Sc. rossel Shrops. — Reissil *schwatzen* Jam. — Rezzle *schwer athmen* N. *Wiesel.* *Ndd.* rastern *rasseln*, Rastirer *Plauderer;* ndl. razen, *dän.* rasle, *schw.* rasa *rasen, rasseln.* Gäl. rasan (a grating noise).

60. Rasp resp *aufstossen, rülpsen* EA. rospe Hall. — Rospinge *Rülpsen* PParv. — Risp *Geräusch machen* N.

Schw. rapa, *dän.* raebe; *holl.* rupsen rupsemen rupsenen roepsen gorpsen. *Ndd.* ruspern räuspern, *mhd.* riustern rüstern.

61. Dash! *putsch! Schlag, Zusammenstoss, Zusammenrauschen Bespritzung;* — *klatschen, patschen, schlagen, zerschlagen, zerstören* XHampt. RG. 1192, *überraschen* Cr. Sc. Lonsd. Sp., *verwirren* Suff., *demüthigen* EA. *trotzen* Dev. *mischen, verschlechtern, bespritzen u. s. w.* — Dasher *Schmutzbrett am Wagen, Spritzbrett.* — Dashin *Gefäss für Hafermehl* Derb. — Dush *heftig stossen, rasch bewegen* X. dush dish Sc. duschen Allit. B. 1518. — Tash *schmutzige, ermüdende Reise;* tash tass *beschmutzen* Cr. — Tashled *bespritzt* Lonsd.
Nhd. datsch! *harter Schlag mit der flachen Hand. Dän.* dask *Klatsch, Schlag, schw.* dask; *dän.* daske *klatschen, patschen, schlenkern, hin und her flattern; schw.* daska. *Auf die Schallwörter wirkt offenbar altn.* dasa *(ermüden) ein.* — *Vgl. wal.* tos tosio, *ne.* toss, to toss.

62. Pash *Krach, Schlag; heftiger Fall* Cr. *Regenschauer, Thränenguss* Lanc. *Regenschauer* Cr. Lonsd. *starker Regen- und Schneefall* Br. (thunner-pash Teesd.) *anhaltendes schlechtes Wetter* Cr. *weicher, feuchter Gegenstand* Cl. *auch verdorben* Br. *einzelne Theile eines zerschlagenen Gegenstandes* Cl.; — *schlagen,* Cr. *zerschlagen.* EA. XHampt. Cl. Lonsd. PP. *umherschlendern* Lonsd. *seinen Weg erzwingen* (? passage) Cl. — Payze pase Dors. peeze Suss. *ausfliessen, durchsickern.* — Pashy *nass, regnerisch* Cr. *nass, schmutzig* Lonsd. — Pishery-pashery *Unsinn* Wh.
Pauteh *in tiefem Schmutze treten* Som. *vgl.* paw.
Ndd. bats! *Laut eines Schlags, Schlag;* batsche *Schlagwerkzeug. Dän.* bask *Klatsch, Schlag;* baske *klatschen, schlagen. Nhd.* patschen; *ein* Patsch, *Schlag, Handschlag;* Pätschchen, Händchen, Patschhand; Patsch-fuss, *Name für Wasservögel.* — *Vgl. wal.* pas (cough, hooping cough-exit); pasio *to cause an exit, to expel; to pass).*

63. Blash *grosse Menge Flüssigkeit, Regenschauer, Wassersturz* Sc. Jam. (plash Br. pash Cr.); — *Sumpfwasser, sehr weicher Schmutz* splash, plosh, splosh) Cl.; — *unsinniges oder unanstän-*

Lautbildungen

diges Reden Cl.; — *aufspritzen* Cl. *bespritzen* Cl. plash Cl. Br. Cr. Sc. splash Cr. Cl. Sc.: — *beschmutzen* Cr. Br.; — *ausplaudern* Cl. — Blashy *nass, schmutzig* Br. Sc. ploshy Cl. *nass und windig* NHampt. *wässerig, dünn* Cl. Br.: *dünnes, schwaches Getränk* NHampt. = blashment Cr. Br.
Blish-blash *Unsinn* Leeds (pishery-pashery Wh.), *weicher Schmutz* N.
Plash! *Laut, den ein ins Wasser fallender Körper bewirkt.* Bfs. (= splash!), *Schlag ins Wasser. Gang durch Wasser oder Schmutz* Bfs., *starker Regen* Cr. *Menge starken Getränks, schlecht gekochter Speisen* Bfs. *kleiner seichter Teich* NHampt. Glouc. Lonsd. Leic. Cotgr. plasshe Palsgr. plasche (flasche) PParv.; — *grosser Sumpf* Hall. *Stück Sumpfboden* MArthure. *Pfütze* splash. — Plash *durch Bewegung im Wasser ein Geräusch machen, plätschern. Wasser oder Schmutz aufwerfen* (splash) NHampt. *durch Wasser oder Schmutz gehen* Cr. Br. Sc. plosh plodge Cl. *stark regnen* Bfs., *schlagen* Cr. — Plashy *nass* NHampt. Cr. *nass, schmutzig* Kent. *sumpfig, schlammig* Sc. — Plashin-weet *ganz nass* Bfs. — Plosh *durch Schmutz gehen* Cl. plodge NHampt. — Ploshett *Sumpfwiese* Dev.
Plish-plash *spritzen, bespritzen* = to play plish-plash Wh. pleesh-plash Bfs. splish-splash Swift.
Splash *ins Wasser schlagen* Bfs. *bespritzen*; — *Wallnüsse mit einer Stange abschlagen* NHampt.
Splishy-splashy *schmutzig* Wh. = plashy.
Ndd. pladdern, im Water pladdern, plasken *plätschern,* pladdern·t *pfütznass,* plattern plastern *platschen. eom Geräusch des starken niederstürzenden Regens,* Plass-regen *Platzregen:* ndl. plas-regen, plas *Sumpf, See,* plassen *bespritzen.* — *Mhd.* blaz *platschender Schlag,* blatzen *schlagen an etwas, so dass ein Geräusch entsteht,* ge-bletze *Schlagen der Zither, unsinniges Geschwätz:. — Dän.* pladsk! pladsk-regn, pladske pladse: *schw.* plaska *platschen, plätschern im Wasser. — Ir. Gäl.* pleasg (noise).

64. Clash! *Laut zusammenschlagender Körper,* Cl. *Schlag, Fall* Cl. *Geschwätz* Br. Sc. *Streit, Zank, Ohrenbläser* Hall., *grosse Menge* Cl.; — *rasseln, schwirren* Allit. B. 859 *mit Geräusch zuschlagen* Cl. Br. *schlagen* Sc. *besonders mit der flachen Hand* Br

mit Zischlauten im Auslaute.

nachlässig, heftig werfen Teesd. Cl. Br. *plaudern, schwatzen* Se Br. (klat NHampt.), *lügen* Se.
Clish *müssige Rede* Lonsd. clish-clash, clish-ma-clash Br. Hall. Clish-clash *klirren, von Schwertern* Wh.
Ndl. klets *Klapps, Klatsch,* kletsen *klatschen,* kletsoor kletsoore *oder* klacke *lange Peitsche. — Dän.* kladsk *Peitschenknall,* klaske *klatschen; schw.* klatsch, klatscha. — *Nhd.* klatsch! *bezeichnet den Schall von Schlag und Fall, auch von der Peitsche* (klitsch-klatsch): *Peitschenknall, Klatschen mit der Hand, mit dem Munde; Schlag, Geschwätz u. s. w.*

65. Crash! *Laut eines brechenden oder fallenden Gegenstandes* (brash Som.). *Zank, Schmaus* (crush Cl.); *— Krachen, bei Bruch und Fall, daher auch brechen, fallen, zerbrechen, schwatzen* Hall. — Crush *Stoss, Quetschung, grosse Menge* Cl. Br. *zerknacken, zerbrechen,* PParv. crudge Cl.
Crush-crash *Geräusch beim Zermalmen u. s. w.,* Wh. — Crish-crush *die weichen Knochen junger Thiere, welche die Zähne leicht zermalmen* EA.
Altn. krassa, *schw.* krasa, *dän.* krase knase *krachen. Vgl. ndl.* krassen *krähen, krächzen; ndd.* krisken kriesken kröschen *kreischen. Ndl.* criselen (stridere), krijsselen (infrendere dentibus). — *Frz.* écraser, Berry: acraser.

66. Quash *zerschlagen,* squash. — Quashy *oder* squashy *nass (vom Land): weich, überreif von Früchten* NHampt. squashy *weich,* swash N. swashy Lonsd. — Queasy *ekel, matt, zart* Dev.; quisey *verwirrt, entmuthigt* Br. — Quatch *breit, flach* Sh. *plaudern, ausplaudern* Oxon. *(ags.* ewēdan). — Quitch *rauschen, sich regen, sich bewegen* Hall.
Squash *Fall, Zusammenschlagen weicher Körper, Zerschmettern eines weichen Körpers durch Fall oder Schlag* (squish Gloue.), *unreife Frucht, weiches Obst: — zerquetschen, spritzen, befeuchter* EA. — Squish *rauschen, wie das aufspritzende Wasser des betretenen Sumpfbodens* EA. = squish-squash Wh.
Squish-squash *Gang durch Wasser und Schmutz* Gloue. *Laut dabei* South.
Swash *plutschen, wie bewegtes Wasser im Eimer,* Cl. *Wasser verschütten; derb schlagen* Bffs., *prahlen* (swagges' Florio; —

Schlag EA. Sc. Bffs., *Rauschen* Todd, *Wasserschwall*. *Giessbach*, *Spülicht* (wash). — Swashy *prahlend* EA. — Swish *plötzliche und schnelle Bewegung* NHampt.

Swish-swash *jede dünne Flüssigkeit* Wh.

Ndd. quasen quaasken *plaudern*, quassen quasken quatsken *bezeichnet den Laut, der durch Bewegung der Hände und Füsse im Wasser hervorgebracht wird, oder beim Gehen, wenn man die Schuhe voll Wasser hat, ferner den Laut eines zur Erde geworfenen weichen Körpers.* Vgl. quetsen squösen quetschen, zerdrücken *ags.* cwissan, *ne.* squeeze; *ndl.* quetsen quetteren, *schw.* quåsa. *Lat.* quatere quassare cassare. — *Wal.* chwystrell (syringe, squirt), chwystrellu (to syringe, to squirt).

67. Smash! *patsch! klirr! starkes dumpfes Geräusch* Suff. *Schlag.* Sc. *Fall*, Som. *Zerschlagen*, Som. Br., *Bankerott* NHampt. South. *Stücke* Cr. Ess.; — *schlagen* EA. Sc. *zerschlagen* Sc. *zerbrechen* Cr. Sc. NHampt. (mash) Hlm. *schlechtes Geld circulieren lassen* Br. — Smasher *Person oder Gegenstand, der die Thätigkeit des Verbs* (smash) *übt: Minengräber* N.; *etwas Grosses* Hall. — Smashing *wild, ausgelassen* Hall. — Smush *zu Staub*, *Pulver schlagen* Cr. Lonsd. mush musk Lonsd. maschle Bffs. mush *zu Staub oder Pulver werden; staubige, kleine Ueberreste* Cl.: — mash *beschädigen, verwunden* Lonsd.

Smish-smash Wh.

Dän. mase *quatschen*, smaekke *klatschen, schlagen; schw.* smisk *Schlag mit der flachen Hand*, smiska *klatschen*. *Nhd.* Matsch *weicher saftiger Körper, der zerdrückt ist;* matschig. *Mhd.* smaz *Zusammenstossen, Auffallen mit Geräusch, besonders der Laut, der mit den Lippen oder der Zunge hervorgebracht wird, Kuss. Geschwätz:* smuz interj. smutz der tiuvel! *bezeichnet die Verwunderung;* smuz *Kuss*.

D. Mit Mutä im Auslaute.

68. Bab *kleines Kind* Lane., babe PParv. baby, babby Lane. Teesd. Hlm. Lonsd. baban RA. 234 babi PP. 11559. — Baby *Kind; Puppe* Lonsd. babby Lane. Teesd.: — *behandeln wie ein*

Kind, *kindisch* babish babyish, babish babbish Cl. — Babble *schwatzen wie ein Kind.* babben PParv. babelen Ar.; — *undeutlich, unbedachtsam sprechen* Lonsd. blab; — *schwankend, unsicher gehen, wie Kinder* PParv. paup Cr. pawpe WCumb; — *Plauderei, Geschwätz,* Lonsd. Cl. — Babbling *Geschwätz, lärmende Unterhaltung* Lonsd. babblement Br. — Babery *Spielzeug, Kinderei.* — Babbart *Name für Hase* Hall. — Bobble-cock *Truthahn* Hall. bubbly-jock Sc. — Bibble-babble *mässiges Gerede* Wh. *Ndd.* babbeln, *ndl.* babbelen, *dän.* bable *babbeln, bappeln, puppern. Ndd.* Babbeler Babbel-snute, *ndl.* babbelaar *Plauderer,* babbaerd babbaerdeken *Kind. Puppe.* — *Ir.* bab, *wal.* baban *Kind.*

Skrt. babababā *vom Prasseln des Feuers,* βαβάζω; *lat.* babulu-s *plappernd, kslav.* bab-inu, *lit.* bub-na-s *Trommel, frz.* babiller. *Erweitert in* βαμβάλω = βαμβαίνω *plappern, klappern,* βόμβ-ο-ς *Lärm, vgl.* bomb.

69. Blab *plaudern, ausplaudern* Ess. Lanc. *ein gurgelndes Geräusch mit den Lippen im Wasser machen, schlappen, trinken.* blabber blebber plapper Bffs. *Plauderer, Schwätzer, Angeber* blabber. — Blabber *schwatzen,* Lonsd. PParv.; *lügen: die Zunge herausstrecken* Hall. *Ndd.* blabbern, *dän.* blabbre; *ndl. unsinnig schwatzen;* blabberen *unsinnig schwatzen; nhd.* plappern *u. s. w. Mlat.* blaberare.

70. Dab *Klapps, schneller Schlag,* Alis. XHampt. (dub); *gelinder Schlag, Berührung,* tap, tip-tap; dab *Sprung* Som. *geringe Menge, Lumpen, Stückchen* dabbit Hall. dabblet Dors., *daher* dabwash *kleine Wäsche,* Warw. XHampt. — Dab *plötzlich schlagen, aufspringen, hüpfen* Som. *leise berühren* (tipple Br., tap); tabber XHampt., *nachlässig hinwerfen* XHampt. — Dabble *pfuschen, stümpern; kauen* Sc. — Dabber *streiten, Streit* Bffs. Dap *zurückspringen vom Ball* Som. Dors. *mit kurzen schnellen Schritten gehen, trippeln* Cl. dub XHampt. — Dub *Schlag, Ritterschlag, schlagen,* = drub Som. Bffs. drubbing *Schlagen* XHampt. drubbin Som. drubban Bffs. — Dub-a-dub *Trommelschlag, trommeln.*

Tap *rammeln von Hasen und Kaninchen zur Paarungszeit* Hall. *Schuhe besohlen,* Dors. West.

Dibble-dabble *Kehricht, Unrath* Hall. *Aufruhr, gewaltiger Lärm* Fife. — Dibber-dabber *Streit, streiten;* dibber-dabberin *streitsüchtig* Bffs.

Ndl. tappen *tappen; ags.* dubban, *altn. schw.* dubba *schlagen. — Altn.* drabba. — *Vgl. gäl.* sabaid (a row, a fray), sabaideach (quarrelsome).

Mischung mit ndl. Dobbe *Graben, niedriges, sumpfiges Land, veranlasst.*

Dabble *eintauchen, benetzen, anfeuchten: spielen, patschen in Wasser und Schmutz;* — dabbler *der im Wasser u. s. w. spielt.*

71. Gab *schwatzen*, Ayenb. Suff. Br. Cl. Sc. gob Lonsd.; *lügen* PParv.; — *Geschwätz* NHampt. Ess. Cr. Br. gabble Sc. — Gab *Mund, Maul*, gob EA. Cr. Teesd. Lonsd. Cl. Sc. Br., gabble Sc. gobbet Lonsd. — Gabby *vorwitziger, geschwätziger Mensch* Bffs. — Gabby *geschwätzig* Sc. gabbin Bffs. — Gabble *viel, schnell, laut sprechen.* Sc. Lanc. gape Cumb., *schnattern;* — *rasches, lautes Sprechen* (gobble EA.), *mässiges Geschwätz,* Sc. (gobble Derb.) *rasche, unartikulierte Laute, Vogelgezwitscher.* — Gabber *Unsinn sprechen, Langweiliges erzählen* Cl. — Gabbar *Lügner* PParv. — Gablocks gappocks *Mundvoll* Sc. cf. *ags.* geap. — Gaberies *listige Täuschungen* Hall.

Gabbie-labbie *unsinniges Geschwätz; Welsch* kebbie-lebbie Jam. — Gibble-gabble *elendes Geschwätz,* giffle-gaffle Wh. gibby-gabby Sc. — Gibbler-gabbler *der unsinnig spricht,* yiff-yaff Roxb.

Gibber *schnell und undeutlich sprechen,* jabber. — ? Gibberish *kindisches Plaudern* Ilm. gebouresh Queen Eliz., gebrish Camden. gibridge Cr. Cotgr.; *unverständlich, sinnlos.* — Jabber *undeutliche Aussprache: unsinniges Geschwatz,* Ilm. javver Cl. jabberment.

Gobble *Kollern des Truthahns* (jollop Holme); *kollern* EA. *etwas rasch thun* Lonsd. *grob entgegnen* Cl. — Gobbler *Truthahn* Suff., gobble-cock Suff. bobble-cock Hall. bubbly-cock Sc. — Goppish *stolz, vorwitzig* N.

Gaff *laut sprechen;* giff-gaff *Unterhaltung* Cl. Br. — Yaffle *rasch und undeutlich sprechen wie zahnlose Leute* Cl. (*dän.* ævle *schwatzen*). — Giffle-gaffle *Unsinn* Wh.

Ndl. gabberen *schwatzen, plaudern. Gäl.* gab *geschwätziger*

Mund, gabach *geschwätzig*, *Plaudertasche*, gabairo gobairo *geschwätziger Mensch*; afrz. gab; gäl. gob *Vogelschnabel*.
Ags. gabban *spotten*, altn. gabba *zum Narren haben*, gabb *Narrheit*; dän. gabe *das Maul aufsperren*, daher gaby *dummer Mensch*. NHampt. Wilts. gaaby ganby Lonsd. joblin Som. *Isl.* gifra (blaterare, obstrepere).

72. Rap *rascher derber Schlag*; raps *Neuigkeiten* Lonsd.; — *derb schlagen*, *klopfen*; *schnell sprechen* NHampt., *sich rühmen* Dors. *schnell* (*isl.* hrapa *eilen*) Ch. Hall. — Rapper *Thürklopfer*; *handgreifliche Lüge* West. — Rapple *schnell und schlecht arbeiten* Sc.

Rab *hölzerner Schlägel* EA. — Rabble *schnell und verworren sprechen* NHampt. Cr. Br. rabble raible Sc. *so lesen und sprechen*, *dass Wort und Inhalt undeutlich wird* Cl., *flüchtig und oberflächlich arbeiten* Cr. Bff's., *im Nähen zu grosse Stiche machen* Lonsd.; — *undeutliches Lesen und Sprechen*, *flüchtige Arbeit* Bff's., *Unsinn* rabble raible Sc. rabblement Cr. Cl., *lärmender Haufe*, rabblement Cr. Cl. — Rabl-ach *viel Unsinn sprechen*; — *Unsinn*, *verwirrte Masse*, *schlechte Arbeit*, *schlecht gebaute Mauer*, *Graben u. s. w.* Bff's.

Rip-rap *bezeichnet das Geräusch von wiederholten Schlägen*; *rollend*, *polternd*, *Steine ins Wasser werfen und damit einen festen Grund legen* Bff's. ribble-rabble *lärmender Haufe* Cr. *unzüchtige Worte* Ess. NHampt. Cr. Teesd., *Verwirrung*, reeble-rabble Bff's.

Rap-tap *lauter schneller Schlag* Wh.
Ndd. rabbeln, ndl. rabbelen, *geschwind und unbedachtsam sprechen*, ndl. rappen *ein Geräusch machen*, dän. ræppe *schnattern*, *wie Enten*. — Schw. rapp *Schlag*, *schnell* (ndd. rap), rappa *schnell nehmen u. s. w.*

73. Chap *klopfen*, *pochen* Cl. *schlagen* Jam. *peitschen* Ess. Wal. cobio *schlagen*, chwap *plötzlicher Schlag*.

74. Flap *Schlag*, *leichter Schlag oder Antippen* EA. Lonsd., *Patsche*, *Fliegenpatsche* l'Parv.; — *klatschen*, *klappen*, *schlagen*, *hinfallen* Bff's. — Flappy *wild*, *unstet* NHampt. Cl. Br. — Flapper *junger Vogel*, *noch nicht ganz flügge* Lonsd. *Ente* EA. *Krähe* Suff. — Full-flopper *vollständig flügger Vogel* EA. — Flapse *vor-*

laut sprechen Beds.; *unverschämter Mensch* Beds. — Flapsy
schlotterig, schlaff Beds. flabby, flabberkin Hall.
Flop *klatschen, mit den Flügeln schlagen, plötzlich herabfallen*
NHampt. EA. *schnell eingiessen* NHampt.; — *Laut beim Fallen*
EA. *beim Bersten, Springen* Lanc. *Masse dünner Schmutz.* —
Flopper *Unterrock* Cornw. — Flaup *mässiges unsinniges Gerede*
Cl. flaupy *geneigt dazu* Cl.
Flip *leichter Schlag* EA.; — *mit der Peitsche leise knallen*
flick) Dors. *zucken, werfen, schnell bewegen* Som. *Nasenstüber geben.*
Flip (flippant) *schnell* Dev. *freundlich beim Sprechen.*
Flabber-gast *Erstaunen und Verwirrung setzen* Hall.
flabbergasted *verwirrt* Ess. Suff. *erschreckt* Br. — Flibber-gibber
Lügner, Schurke. — Flip-flop *bezeichnet das Geräusch nieder-
fallender und zerspringender Tropfen.* — Flip-flap *bezeichnet das
Geräusch baumelnder, im Winde bewegter Gegenstände, so wie die
Bewegung selbst*, flip-flaps *Tanz* Wh. — Flipperty-flop draggle-
tailed Hall. — Flipperty-flopperty *bezeichnet das Hin- und Her-
flattern.* — Flipper-de-flapper *Geräusch und Verwirrung* Suss.
Ndd. flap *Schlag*, flappen klappen; *schw.* Dial. flabba flabber
Schlumpe. Wal. flap *Schlag.* flabio *schlagen*, flabies (a strapping
wench).

Das Schallwort mischt sich mit Bildungen von skrt. lap
sprechen, lap-ana-m lat. labium. gäl. labh *Lippe. Wort.* labhair
sprechen. Ndd. lobbe flabbe *breites hängendes Maul, dicke Lippen*,
flabben flobben *allzuviel küssen*, flubberup *einer, der alles ausplaudert;*
dän. flab *grosse Lippe*, flabe *weinen, dummes vorwitziges Mäd-
chen, daher*
Flepper *Unterlippe, das Maul hängen lassen* EA. flapse flaup.
Eine andere Berührung scheint mit ags. ahd. lappa. altn.
lappi *(Lappen, Flicklappen) stattzufinden, ein dünn und schlapp
niederhängendes weiches Stück eines Körpers, wie in: Ohr-läppchen.*
ahd. brust-lappa *der am Halse niederhängende Theil des Rindviehs.
Lappen (niederhängende Ohren) der Hunde. Daher*
Flap *jeder Gegenstand, der an einem Ende befestigt los und
breit herabhängt, wie Rockschoss, Tischklappe*, NHampt. *Bewegung
eines solchen Gegenstandes*, *wankelmüthiges Weib* Dush. *Unglück
jeder Art* Hall. flaps *grosse breite Schwämme* (?flats). — Flobber
lockeres schlaffes Fleisch NHampt. — Flobbering *los und verwirrt*

75. Jaup *der Laut des in einem Gefäss geschüttelten Wassers* Br. — Jaupe *Rauschen des Wassers.* — Jaup *Wasser schütteln, so dass es rauschend anschlägt* Cl. Lonsd. Br. jawp Sc. *beschmutzen* Sc. jope Lonsd. — Jaups *Wasser- und Schmutzflecken* Sc.

Jop *im Wasser plutschen* York.

Jaw *Anschlagen des Wassers, Woge; Wasser verspritzen* Sc.

Ndd. schulpen *bezeichnet das Geräusch einer geschüttelten Flüssigkeit*, schulp *was beim Schütteln über den Rand schlägt. Zur Schwingung hat beigetragen ist*, gialfr gialp (allisio in is ad littoral), gialfra gialpa (allidere). — *Vielleicht gehört auch hierher* Joup *springen* Lonsd. juh *langsamer Trab* Ess. Suff. *and* to jump.

76. Wap *Schlag* H!m. Sc. Cr. Teesd. Suff. *Fall* NHampt. Hall., *Hand* Lane. Hall.; — *bellen* Som. wap *schlagen, patschen* EA. NHampt. Glouc. Sc., *mit den Flügeln schlagen, flattern* Hall. — Wapping *Hundegebell* PParv. — Wapper *sehr gross* Glouc. Teesd. *Läge* Var. — Wappet *bellender Hund* EA. *cf.* yap, whappet *spitzohriger Hund* Hall. — Wab *Geschwätz, Unsinn*.

Whap *Schlag* Cr. Cornw. Dev. (whop Ess. Dors. EA. Som Lane.), *schwerer Schlag oder Fall* EA. Som.; — *schlagen* Glouc. Cr. Bfs. Br. whop EA. Som., *zuschlagen, schliessen* Cl. — Whapper *gross, sehr gross* Cr. whopper *sehr dick* Dors. Subst. Bfs. whapper Br. — Whappet *Ohrfeige* Dev. — Wheep *schlagen; Augenblick* Sc. (? whip).

Squab! *Laut, den der Fall besonders weicher Körper bewirkt.*

swap! *Laut vom Fall und Schlag. Schlag. Fall* swape NHampt. swop Dors.; — swap *schlagen* Ch., *niederfallen, sich stürzen auf, mit den Flügeln schlagen, Weizen in eigenthümlicher Weise schneiden* Suss. — Swapper *grosse Lüge* Kent. swapping *gross, stark* West. — Swapson *Schlumpe* Werw.

Swoop! *schwapp! patsch!* — Swob-ful *voll bis zum Ueberlaufen* EA. — Swabble *zanken* EA. = squabble. — Swobble *bra-*

marbasieren EA. — Swab *überspritzen* N. swob EA. squab Cr. NHampt.; *einer der sich anfeuchtet* Cl. *Ndd.* swaps! swips! swups! *bezeichnet einen quatschenden Laut und nach dem Vocale einen hellen, gemässigten und dumpfen Schall. Vgl. wal.* chwap *Schlag,* chwapio *schlagen.*

77. Knap *Schlag* Cr. Teesd. (nap Dev.), Lonsd. Cl., *sanfter Schlag* Br. Sc. nobson Cr., *Riss, Bruch, Sprung* Cl. nape Dev.; — *knacken,* Cl. *schlagen* Cl. Br. (nob Cr.), *zerbrechen,* Cl. Lonsd. *beissen, zerbeissen* (nap NHampt.), *ässen* Hall. *Wörter verschlucken* N. knapper Cl. — Knap-sack *Sack mit Mundvorrath.* — Knappan *Laut, durch Schlagen hervorgebracht; Schlag u. s. w.* Bffs. — Knappin-hammer *Hammer zum Steinklopfen* Sc. — Knappers *Kniee* Linc. — Knab *mit den Zähnen fassen, beissen,* knab knap NHampt. *knabbern, nagen* nabble NHampt. knapple N. — Kab *schnell, mit schnellem Griffe fassen,* Cr. nap N. s. naup. Naup *leichter Schlag mit einem Stock* Leeds. *Schlag auf den Kopf (altn.* hnapp-r *Kopf)* Cr. Cl. *mit der Faust schlagen* Leeds. *(altn.* hnapp-r globulus, hnefi knefi *Faust) auf den Kopf schlagen* NHampt. Cr. Cl. *mit Schlägen züchtigen* Teesd.

Nape *durch einen Schlag in den Nacken tödten* Hall. *Unter dem Einfluss von* nape *(Nacken, Genick), das wohl weniger altn.* hnapp-r *ist als Nebenform vom ags.* hnecca *isl.* hnaki, necke Laz. *Nacken.*

Ndd. knappen klappen, *ndl.* knappen, *dän.* kneppre *knacken, krachen; ndl.* knubbeln knuffeln gnubbeln *schlagen; ndl.* knip *Peitschenschlag, dän.* knipple *schlagen.* *Nhd.* knappen *klatschen, klappen, knallen, vom Auerhahn.*

Ndd. knappern knuppern *trockne Speise essen, so dass es kracht, ndl.* knabbelen *nagen, schw.* knapra, *ndl.* gnabbeln gnibbeln nibbeln, gnagglen, knap-zack *Bettelsack.* *Nhd.* knappern knabbern knaffern knuppern, Knap-sack; Knap-käse *harter Käse.*

Ndd. gnappen *schelten, zanken; ndl.* knibbelen; *schw.* gnabb *Zank.*

78. Snap *Krach, Knall, Peitschenknall; Schlag* Bffs. *plötzliches Brechen, schnelle Bewegung* Suff. *Umschlag der kalten Wit-*

terung; kleiner runder trockner Kuchen B. Lonsd. Teesd. Sc., *kleines Stück Essbares* Bffs. *kleines Stück* Hall., *Versuch etwas zu fassen oder zu beissen;* — klatschen, schnappen *wie eine Peitsche*, schlagen und zuschliessen mit einem Knalle, zerbrechen, zerbeissen, plötzlich fassen, anfahren snape Cl. Teesd. Lanc. Hlm. Cumb. sneype Lanc.; *eilig thun* EA. — Snapper *Klapper; Häscher, Fänger;* Baumhacker Hall.; *stolpern* Cr. Sc. — Snappers *Spielzeug*, Castagnetten; *übellaunische Leute* Hall. — Snappish *bissig*, schnippisch Dors. — Snap-sack == Knap-sack.

Snip *Schnitt, wie mit der Scheere; abgeschnittenes Stück*, Cr. *Schneider* Cr.; — schneiden, abschneiden, Cr. Lanc. sni's Sc. — Snippy sparsam, knickerig Br. niggardly. — Snippart Stückchen (chip?; *kleiner bissiger Mensch; Mass und Gewicht verringernd* Bffs.

? Snub *beschneiden, stutzen*, Lanc, snub-nosed *stumpfnasig* Cr. Snib *schelten* Ch. PParv. Wicl. snib snub NHampt. sneap snub snib Sc. — Snuo Lanc. sne' Sp. — Snib *Verweis* Sc.

Snip-snap *bissige Rede, schnippisches Wesen*; snipper-snapper *verweichlichter eingebildeter junger Mensch* Wh. snip-snap-suorum *Kartenspiel*.

Ndd. snapp! snapps! snupps! *Laut, der ein geschwindes Wegschnappen, Zubeissen, den Schlag einer Federkraft oder auch nur die blosse Geschwindigkeit andeutet (schrupps!)*: — snipps! *bezeichnet den Laut eines Schnippchens, das man mit den Fingern schlägt:* — snappen *mit Maul oder Schnabel haschen, plaudern, Wörter kurz abbeissen, schnellen, mit Federkraft zurückspringen:* - snappsk snippsk *naseweis, schnippisch;* — snapp-sack *Ranzen, in dem der Fussgänger sein Essen hat*. Ndl. snap! snappen schnappen, schnellen, schwatzen; snapper geschwätzig. — Schw. snapp erhaschen, dän. snappe.

Ndd. snippeln snippern *in kleine Stücke zerschneiden*, ndl. snippen snippelen snipperen; ndl. snippels, ndl. snippel snip Schnippel.

Schw. snubba schelten, dän. snibbe *Verweis*. — Schw. snöpa verschneiden, entmannen, dän. snub stutzen, abstumpfen.

Ags. nebb, dän. neb näb, schw. nabb, altn. nebbi, ndd. nibbe Schnabel mag einwirken; mhd. snappen schnappen, klappern mit Schnabel oder Mund.

Lautbildungen

79. Slap! *klapps! Schlag mit der flachen Hand* Lanc., *Geplantsche, Wasserrauschen, Wasserschwall; — schlagen mit einem breiten Gegenstande*, Hlm. (Slap Bffs.), *Wasser schlagen, werfen, spritzen*, Cr. Hlm. *eilig gehen* Lonsd. — Slap up *aufschlappen, gierig schlingen* Cr. — Slap *schnell, plötzlich* N. — Slapper *etwas Grosses* NHampt. Cr. Br. *Lüge* NHampt. — Sloppan *Schlagen* Bffs. — Slope slaup *gierig und geräuschvoll essen und trinken* Cl. slubber Sc. slobber Lonsd. NHampt. — Slobber *schlecht arbeiten* Suff. slobbery. — Slobberer *träger Bauer* Norf. — Slubbery *weich, so dass der Genuss des Gegenstandes ein Geräusch veranlasst* Sc. — Slop *gelegentliche eilige Wäsche* EA.

Slip-slops *übergetretene Schuhe; —* Slip-slop *nachlässiges Sprechen und Schreiben*, slip-slap, slibbery-slobbery Wh. — Slipslop *nachlässig, widersinnig* Wh. slibber-slabber Hall.

Ndd. slapp *bezeichnet den klatschenden Schall eines Schlags, besonders einer Maulschelle, daher letztere* slappe; slabben labben *lecken, schlappen wie ein Hund (ndl.* slabben); slabbern *beim Trinken Tropfen herabfallen lassen, mit dem Schnabel klappern, wie Enten; plaudern, plappern = ndl.* slabberen, schw. slabba; *ndl.* slappaert lurco. — *Mhd.* slappern *klappern*.

Ndd. slubbern *schlürfen: nachlässig und grob weg arbeiten* Hamb. dän. slubbe *schlürfe*.

80. Clap! *dumpfer Laut, wie Donnerschlag, Knall, Schuss, plötzlicher Vorfall, Moment* Sc. *Lippe oder Zunge* West.; — *klappen, klatschen, knallen* (be-cleppe Ayenb. 66). *schlagen, zusammenschlagen*, Ch. PParv., *leise berühren, sanft schlagen* Br. Teesd. Cl. *schmeicheln* Teesd. — Clapper *wer oder was klatscht, Klöppel, Klapper in der Mühle, obere Platte eines Klapptisches, Zunge* Lonsd. NHampt., *Schwätzer* Bffs.; — *klappern, rasseln* Bffs. *schwatzen* Oxon. — Club *Keule, Knüttel*.

Clap-trap Claque *im Theater; künstlich* Wh. — Clapper-claw *schlagen mit der flachen Hand* Br. *schelten* Cl. Sc.

Ags. clappian clappetan *schlagen*, clappetung claeppetung *Pulsschlag*. *Ndd.* klapp! klaps! klaps! klapp *ndl.* klap *Schlag;* klappen *klappen, klappern, plaudern, ausplaudern*, *ndl.* klapper, klapperen; *altn.* klappa *schlagen u. s. w.* Dän. klap, klappe *Zunge*, klappert *Klapper*, klappre *klappern*, *ndl.* klappen *schwatzen*, klappaert ge-

schwätzig, klabbaerd *Klapper*. *Nhd.* klap! klappen, Klapper u. s. w.

Ndl. kluppel, *schw.* klubba, *dän.* klap.

Wal. clepa clwpa club, knob, noddle), clep (clack, clap), clepio (to clack, to babble, to gossip, to carry tales), clebai (babbling gossip).

Nhd. Klaff *Knall, Krach, Hundegebell, Drosselschlag*; klaffen kläffen, Klapf u. s. w. GW.

81. Clip! *Laut, den die Scheere beim Schneiden hervorbringt, Scheeren, Schur* EA. *einjähriger Wollertrag* NHampt. Cr. Teesd. *Schlag* EA. *Peitschenschlag* EA.; - *Scheere* NHumbr. Sc. - Clip *kippen, kürzen, stutzen* Cr., *schneiden, scheeren* Cr. Teesd. EA. Br. Lonsd. *geziert sprechen* Cr. — Clipping *Schafschur* Cr. NHampt. EA. — Clipper *einer der kippt u. s. w., Schafscheerer* EA. NHampt.; *klopfen* Dev.

Ags. clipian *tönen, rufen*, clipur *Klöppel*; *ndd.* klippen *Klappe zu schlagen, ein solches Geräusch machen*; *ndl.* klippe crepitaculum leprosi.

Altn. klippa *mit der Scheere schneiden*, klippingr *trockenes Fell, von dem die Wolle abgeschoren ist*; *schw.* klippa, *dän.* klippe *schw.* klippare *Schafscheerer*.

82. Trap *schwer auftreten, wie mit Holzschuhen* Dev.; *hölzerne Treppe* Sc. — Trape *müssig umher laufen* Swift, traipse Pope. — Trapes *umherlaufen, besonders in Schmutz* Ess.; *Schlampe* Lonsd. Hadior. Dev. — Trope *langer unangenehmer Gang* NHampt.

Trip *leicht und schnell laufen, trippeln, hüpfen, kleine Reise machen, stolpern, irren; Schlag des Gegners, um seinen Gegner zu Falle zu bringen, kleine Reise, Stolpern, Fehltritt*.

Ndd. Traf! *Laut des Hufschlags, Hufschlag*, drav *Trab*, draven traffen truffen *traben*, trappen *hart auftreten*, treppe, trippeln. *Ndl.* drai *Trab, schw.* traf, *dän.* trav; *ndl.* draven, *schw.* trafva, *dän.* trave *traben*. *ndl.* trappen trappelen, trippen trippelen, *dän.* trippe, *schw.* trippa. — *Mhd.* drap draben *Trab traben, trapp!* trappen, trampeln, trippeln.● *Lett.* trepti *mit den Füssen scharren*. *Lat.* trepidare. — *Wal.* trip tripio *trippeln, stolpern, bret.* tripa.

Tramp *niedertreten.* PParv., *schwerfällig gehen, zu Fusse
reisen* Cr.; — *schwerer Schritt, Fussreise, Vagabund, herum-
ziehender Bettler u. s. w.* Wilts. Cr. — Trample *schwer auf-
treten, stampfen; Treten mit Füssen.* — Trimple *unsicher gehen*
West.

Ndd. trampen trampeln *mit den Füssen stampfen,* ge-trampel
*Geräusch vom Stampfen. Laufen u. s. w. und dieses selbst. Altn.
schw.* trampa, *dän.* trampe. — *Mhd.* trampeln. *Lith.* tremju tremsu
tremti *trampeln, lett.* tremt tramt *durch Trampeln verscheuchen.* —
Wal. tramp (ramble, stray) trampio (to ramble).

Stram *geräuschvoll gehen* Bffs. *heftig springen, schlagen,
niederschlagen* Dev. *lauter plötzlicher Schlag* West. *grosser Mensch*
Bffs. — Stramming *gross* West. — Strammer *grosse Lüge* Hall. —
Strammerly *tückisch, unbeholfen* Kent. stromelling Wilts. — Stram-
bang *heftig* Dev. — Stramp to trample upon N.

Strome *grosse Schritte machen* Hall. stroom Suff. — Strum a
strumpet ? *Strassenläuferin* EA., strumpyt Wr. 217 (*aber gäl.*
striop whoredom, striopach a whore, striopaire whoremonger). —
Strummuck *umherschweifen* Suff.

Stram ist *eben so wenig ndd.* stramm *(stramm, straff)
und* strammen *(straff sein, anspannen) als* strum *ndd.* strumpeln
(stolpern), sondern es ist die Erweiterung von tramp, *wie nhd.*
trampeln, strampeln, *dän.* trippe strippe, *oder von* stamp *zu*
stramp.

83. Bob *Schlag,* Lonsd. Cotgr. Hall., *auf den Mund* South.
Ruck, Zuck: Ball York; — *schlagen, zucken, rucken.* — Bobby
schlagen, treffen Hall. — Bobet *Schlag auf den Kopf* PParv. Cath.
Palsgr. *Verb.* PParv. — Bobbery *Lärm, Streit* Br. *Verwirrung*
Suff. baubery Var. bibbery-bobbery *ungezogen* West. Wh. — Bob-
som *zudringlich* Lanc. bobber-some? Cr. Br. — Bobberous *stolz* Br.

Pop! *klatsch! husch! kurzer schneller Laut; kurze Zeit*
Lanc.; — *plötzlich klatschen, knallen, schnell gehen oder handeln*
(plop NHampt.). — Popper (pop) *Paffer, kleine Pistole,* popper
Dolch Ch. — Pop-gun *Knallbüchse.* — Poop *Schluck. Zug* N.;
pedere.

Ndd. babs! *Schall eines unvermutheten Schlags, patsch!* puup
crepitus ventris, pupen pedere; *ndl.* popelen murmur edere.

Bubble *rauschen, rieseln, weinen, seufzen* Lonsd. Cr.; blubber *sprudeln, aufwallen* (popple Lonsd. pabble Sc. bleb Cl. blober Allit. P.), *Wasserblase* (blob blob blober Palsgr. blobur blobir PParv. blubber EA. NHampt. popple Hall.). — Bob *auf und ab, vor und rückwärts sich bewegen, plötzlich sich bewegen, angeln, fischen, die Schnur mit dem Haken herausschnellen*. Lonsd. bab EA. *schnell untertauchen* EA. (dob, dop); popelere *Löffelente* PPar. — Bobbing *Fischen mit Würmern an der Angel*.

Pople *schwanken* Exm. popple Suff. — Poppling *rieselnd, tröpfelnd, murmelnd*.

Plop *Laut, den ein ins Wasser fallender Körper macht* Lonsd. Blob blab *Tropfen, Kugel, grosse Stachelbeere, Blase bei einer Geschwulst* Sc. bleb *Blase* Cr. Teesd. Cumb. Lonsd. blab blob *Unterlippe*, blob *stumpfes Ende eines gewöhnlich scharfen Gegenstandes* Suff. — Blobby *regnerisch (ein Tag, an dem die niederfallenden Tropfen Blasen auf dem Wasser bilden)* Bfs. — Blub *anschwellen* Hall. — Blubber *Blase am Munde beim leidenschaftlichen Sprechen* Ch. *schäumen* Allit. B. 1017.

Blob-lip *Hängelippe*, blobber-lip Dryden, blabber-lipped Skinner; blubber-lipped, flupper-mouthed Lane. — Blob-nose *Stumpfnase* Hall.

Die ursprüngliche Bedeutung ist wohl das leise Rauschen des aufwallenden Wassers, wie nhd. bubbeln, pippeln, *dann schwanken, zittern, beben, wie in* bubbern, puppern, pfupfern u. s. w., *ferner in* Bobbel *Wasserblase*.

Ndd. bubbeln *murmeln, unverständig reden, im Reden geifern, Blasen aufwerfen,* ndl. bobbelen, dän. boble; pible *quellen, hervorquellen;* dän. boble *wallen, sprudeln, Wasserblase*.

Göt. hub *heulen wie ein Kind:* plab *Laut, den ein ins Wasser fallender Gegenstand bewirkt*.

84. Peep *piepen, wie ein Küchen* (pip), *das Piepen eines jungen Vogels;* piple Skelton, *Schaar Küchen* Hall. — Peeper *junger Vogel, Küchlein*. — Pipe *Pfeife, Röhre, Laut: Luftröhre* (pipin) Hall.; — *pfeifen, schreien* Lonsd. — Piper *Pfeifer* (pipare PParv.). Wirth Dev. — Piping *schweres Athmen* Exm. *Summen der Bienen vor dem Schwärmen* North. — Pipion *junger Kranich* Huloet. — Pigeon *Taube*.

Lautbildungen

Ags. pipe *Pfeife*, *ndd.* pipe, *ndl.* pijp, *schw.* pipa; — *ndd.* pipen *pfeifen,* zirpen, winseln; *ndl.* pijpen *pfeifen,* piepen *wie eine Maus, dän.* pibe. *Mhd.* phifen, phife, phifaêre *pfeifen, Pfeife, Pfiff. Pfeifer. Gr.* πίπος *junger Vogel*, πίπω πίπρα *Baumhacker, lat.* pipio *junger Vogel,* Täubchen, pipare pipire, pip-ulu-s, pipilare, *it.* pippione piccione. *Frz.* pigeon *Taube, Gimpel.* Pott 1, 577. *Skrt.* pipp-akā pipp-ika, *ein bestimmter Vogel.*

85. Cheep *piepen, wie ein Hühnchen, Birk- oder Rebhuhn* Cl. — Cheip *zirpen wie junge Vögel* Br. Sc. chipper EA. Cr. — Cheeper *junges Reb- oder Birkhuhn, noch nicht flügge* Cl. squeaker South. — Cheiper *halb flügger Vogel* Br. — Chip *piepen wie Hühnchen;* klingen, *wie zerbrechende Eierschalen* Cr. Teesd. Br.; — *Schrei einer Fledermaus* Hall.
Jib *junges Gänschen* Linc., jibby *munteres Mädchen* EA. *Ndd. ndl.* kip *junges Küchlein*, kippen *picken, aus den Eiern kriechen. Schw. Dial.* kipa *piepen, wie junge Vögel.* — *Ndd.* jip! *Lockruf der Küchen*, jipen jipern *pfeifen wie junges Federrich.*

86. Baff *bellen* Lev. baffin waffin PParv. waff Cr. wouff Bffs. wowff yowf yaf Sc. yaf N. yaffle Leeds. Cr. — Baffer *Hund* Hall. buffer. yaffling *bellend, knurrend* Linc.
Buff *leise bellen* Cr. *kurz und scharf bellen* Cumb. Cl. Lonsd. *Laute stossweise hervorbringen* (?puff) Cl. Lonsd. *stammeln* Gloue. — Beffing *Bellen* Linc. — Waffling *unaufhörliches Bellen*, *Gebell* NHampt. waffly *geschwätzig.* — Peff *husten, schwer athmen* Cr. — Peffin *kurz trocken schwach hustend* Cl. peffing *Husten* Linc. — Peigh *husten* Lanc. keuchen, *schwer athmen* Hall. pech Sc. WCumb.
Wuff-waff *leises dumpfes Knurren des Hundes* Cr.
Ndl. baffen beffen, *dän.* hjæffe, *schw.* bjebbe, *bellen, voll.* beffe *geschwätziges Weib.* — *Nhd.* baf! paf! pif-paf! *Knall der Flinte, Hundegebell;* baffen, blaffen, Baf, Blaf. *Duza*

87. Buff *einen dumpfen Ton ausstossen* Warw. *und zwar einen solchen Ton, der durch einen Schlag mit der flachen Hand auf einen weichen Gegenstand bewirkt wird* Sc. *schlagen* Sp. hollo RG., *stammeln* Hereford-sh. *prahlen* Hall.; — *Schlag* Sp. Cusino Sc. - Buffet *Puff, Faustschlag* Sh. PParv. buffat buffät Wicl. *schlagen mit einem Tuche* NHampt.; *schlagen*.
Puff *plötzlicher Hauch, Windstoss, Aufgeblasenes, Schwammiges* (puff-ball), *marktschreierische Anzeige;* — *puffen, hauchen, in kurzen Stössen blasen* (taff tuff Cl.), *Backen aufblasen, schwer und kurz athmen, ausserordentlich loben.* — Poff *sehr schnell laufen* Linc. — Puffy *geschwollen, schwulstig; leicht, schwammig, dem Drucke nachgebend* (puffed) NHampt., pluffy *bausbackig* Sc. buffie *fett, kurzathmig, krachend* Hall. — Buffle *mit schwerer Zunge und undeutlich sprechen* EA. — Buffer *Narr* NHampt. buffard Hall., *Stammler* Wicl.
Nhd. paff! *drückt jeden lauten Knall aus,* piff! *den Knall eines kleinen und schwachen Gewehrs,* puff! *den tiefern und dunkeln Ton von Schuss und Schlag:* paffen knallen, *Tabak rauchen:* puffen *durch Schlag, Stoss oder Schuss einen dumpfen Ton hervorbringen,* buffen *schlagen, stossen.* Ndl. bof *Paff,* baffen boffen; dän. puff puffe, schw. puff puffa. — Wal. pwff (sharp blast), pwffio (to come in puffs).

88. Whiff *Hauch, Zug, Paff aus der Tabakspfeife* EA.; *kurze Zeit* NHampt. giffy jiffy EA. Wilts.; *kurzer Anblick, Schimmer von etwas,* Lonsd. Dors. Cr.; — *puffen, verpuffen,* NHampt. giffy jiffy *eilen* EA. Wilts. — Whiffle *pfeifen, blasen; flattern, wanken,* Lonsd. N., *schnell bewegen, tändeln,* Gloue., *unsinnig sprechen* Lonsd., *vom Handel zurücktreten* Lonsd. — *Pfeife, kleine Pfeife.* — Whiffler *Pfeifer, Faselhans* (ags. waeflere), *Anführer einer Procession* EA. — Whiffling *unstet* Lonsd. *leichtsinnig, läppisch.* — Whiffeting *beweglich durch einen Windhauch* NHampt.
Wal. chwiff *Zischen, Pfeifen, Stoss,* chwifio *zischen,* chwiffiol *zischend und* chwifio *herum fliegen.*

E. Mit auslautenden Dentalen.

89. Pat *leichter Schlag, Anklopfen,* Suff. bat Br. patte Eglam. 1241 powt Sc.; — *gelinde schlagen, klopfen;* pant Sc. pattle Lonsd. — Patter *klappern, oft schlagen; eilig wiederholen, murmeln* Cr. Palsgr. — Pattering *Laut der aufschlagenden Regentropfen* NHampt. *anhaltendes Sprechen, Murmeln bei Gebeten* (pater noster). — Pattick *der Unsinn schwatzt, Dummkopf* West. — Powt *Schüreisen, Feuer schüren* Sc.

Pit-pat *rasche Aufeinanderfolge leiser Laute, Pulsschlag, Herzklopfen* pit-a-pat, pit-to-pat, pittle-pattle; pintedy-pantledy. — Pitter-patter *trampeln* Wh. — Pitty-patty *rasches Schlagen des Herzens* Br.

Ndd. piter-pater *unverständliches Schwatzen oder Plappern, besonders in schneller Rede oder fremder Sprache,* piter patern *etwas Unverständliches sagen,* ? pater noster. — Vgl. ags. beátan *schlagen,* frz. battre.

90. Rattle *Rasseln, Klappern, Schnurren; Schlag* Sc.; *lautes sinnloses Geschwätz; geschwätzige Person; Kinderklapper;* — *Röcheln des Sterbenden, Bräune;* — *rasseln, schnurren, mit Geräusch bewegen, schlagen* Cr., *eifrig und lärmend sprechen; schelten, keifen,* Lanc. rate NHampt. — Rattler *wer, was rasselt; grosse Lüge* Hall. — Ratan *Klopfen, Schlagen des Pulses.* — Rattock *grosser Lärm; grossen Lärm machen* EA.

Rattle-pate *der viel und gedankenlos spricht,* rattle-skull Sc.

Ndd. rateln räteln *rasseln, schwatzen* ratel *(ndl.) Klapper;* rotteln rotlen *röcheln.* — Frz. rataplan.

91. Chat *Geschwätz; Kind.* Schwätzer Dev.; — *schwatzen* Dors. — Chat-some *geschwätzig* Kent. — Chatter *Geschwätz, Geschnatter, Gezwitscher; oft in Comp.* chatter-basket, -box, -water. — Chatter-watter *schwacher Thee, d. i. Plauderwasser* Leeds.

Chit *vorlautes Kind (cf.* chit *keimen), Vogel* Hall. — Chitter *zirpen, zwitschern* Palsgr. N. (chyterin chaterin PParv.), *aber zittern* NHampt. Sc. *ist ags.* citelian *kitzeln.* — Chit-chat *leichte Unterhaltung, Geplauder* Wh. chitter-chatter Bffs. — Chitter-chatter *zittern* Bffs.

? *Ndd.* köddern kören kären küren, *ndl.* kwettern, *schw.* qvittra, dän. quiddre *zwitschern, plaudern*, *cf. ags.* cwëdan *sprechen.* — *Ndl.* schateren *laut lachen*, schetteren *schütteln, rasseln.*

Skrt. katth *viel Lärm von etwas machen, prahlen;* katha *Gespräch* (kathay *erzählen*); *gr.* κότ-αλ-ς *geschwätzig.*

92. Clat *schwatzen, erzählen* N Hampt. Cr. Cl. — Clate *Geräusch* Lane. — Clatter *klappern, schwirren, mit der Zunge schnalzen; rasch und laut sprechen* Hlm. Sc. *Geschichten erzählen* Br. *schlagen, züchtigen* Cl. *Rasseln, dumpfes Getöse* Ess. N Hampt. *Geschwätz* N Hampt. *Schlag* Cl. — Clout *Faustschlag; Schlag, schlagen* Sc. clut. — Clitter *klirren, klingen* Palsgr.

Clit-clat *geschwätziger unzuverlässiger Mensch* Cr. — Clitterclatter *Getöse, Geschwätz* Wh. = clatter-clutter. — Clittery-cluttery *veränderlich (Wetter), stürmisch* N Hampt.

Ags. clatrung cleadur *Klapper.* *Ndd.* klätern clötern *rasseln, tadeln;* *ndl.* klateren kletteren *klappern,* klater *Klapper,* klaterbusse sclopus. — *Nhd.* klattern *klappern, knattern, prasseln, plaudern.*

93. Prate *schwatzen, plaudern* prattle; — *Geschwätz* prattle prattlement. — Prater *Schwätzer* prattler.

Brattle *prasseln, lärmen, plötzlich herunter fallen oder laufen, rasseln, donnern* Br.; — *Schlag, Stoss* N. *Donnerschlag* Br. *lärmende Eile, Wettlauf* Sc.

Brittle-brattle *rasche geräuschvolle Bewegung* Lanarks.

Ndd. praten prateln präteln *schwatzen,* praat *Geschwatz,* prätel *waschhaftes Maul.* *Nhd.* bradeln braudeln brodeln *plaudern* GW.

94. Bleat *blöken; Blöken vom Schaf und Lamm;* blate N. Brock. blaat N Hampt. — Blatant *blökend, brüllend.* *Vgl.* blatter blater blatterer blatteroon.

Ags. blaëtan, *ndl.* blaten bleeten *von Schafen; ahd.* plâzan, *mhd.* blâzen, *bair.* blässen.

95. Blather *viel Unsinn schwatzen* Br. Cl. = blother N. Skelton. — Blether *weinen, schreien* Lane. Cl. — Blethering *lautes gemeines Sprechen* Cl.

Blotherel *Dummkopf* N. — Blotherment *unsinniges überflüssiges Geschwätz* N.
Blitter-blatter *Rasseln* Dumn.
Ndd. pladdern plätern pludern flätern flären, *schw.* bladdra. pladdra. *dän.* pladdre to prattle, *cf.* bleat.
Gäl. blad *grosser Mund*, bladaire *Schwätzer*, bladairt *Geschwätz.*
96. Knatter *nagen, anbeissen* N. Hlm. gnatter Lonsd.; natter Cl., *wegen Kleinigkeiten tadeln* Hlm. gnatter Lonsd. — Nattle *schwach rasseln* Cl. *sich mit Kleinigkeiten beschäftigen* Lonsd. — Nattery *mürrisch* Cl. gnattery nattered Lonsd. — Nyatter *Murren* Bffs.
Ndd. knetern knitern *prasseln*, *wie Donner*. *Feuer, heulen von Hunden* gnaddern. *Schw.* gnata *knurren*, *murren* (*dän.* gnaddre), gnuda| *rauschen wie Wellen, sausen wie Wind, girren wie Tauben;* knota *murren, schelten.* *Vgl. wal.* nadu (to cry out). — *Nhd.* knattern knistern, prasseln, krachen *vom Gewehr. Feuer, Donner.*

97. Squat *plötzlicher Fall*. — Squattle squatter *plätschern im Wasser, wie Enten.* — Squot *breit schlagen* Dors. — Squit *schwach klingen* Dors.
Ndd. quaddern *quatschen, mantschen, dän.* sqvatte, sqvat *Klatsch, Neige. Dän.* qvadder *Schlamm*, qvadder snadder *Geschnatter der Wasservögel*, sqviddre *zwitschern, schw.* qvittra, qvattra *Schrei der Elster. Vgl. wal.* chwad (jerk), chwid (quick turn), chwido (to make a quick move).

98. Dad *Schlag, schlagen, schütteln* Br. daud dawd Sc. — Tat-too *Trommelschlag*, tap-too (*ndl.* tap-too). — Daddle *unsicher gehen wie ein Kind* EA.; es führen Lonsd.; dade Hall. — Doddle *tottern.* Br. tot Allit. A. 372 tottle Som. toddle Ess. Suff. NHampt. Hlm. Br. Sc. diddle Sc. — Doddleish *schwach* Suss. — Totty-headed *altersschwach* NHampt. — Diddles diddlings *junge Enten, Ferkel* EA.
Tutter *stottern* Som. stutter; — Tateling *stammelnd* Hall. — Didder *verwirrtes Getöse* Br., dither Hall. — Diddle *Melodie summen* Cr. *cf.* ditty. — Tattle *schwatzen*, tater PPar. tuttle *Geschichten erzählen* N. (totelin tutelin PParv.). — Tatterer *Zänkerin* Norf. — Titter *kichern.* Lanc. Cr. Dors., *Kichern; Mädchen.*

Dather *zittern vor Alter oder Kälte* NHaupt., dodder NHaupt.
Cr. Teesd. Br. doter Arthure, totter toter Allit. C. 253. — Dodderums dothorums *zitternd* Cl. Diddler *zittern* EA. Dors. Cr.
Cl. Br. dither Herefordsh. NHaupt. tHm. Cr. Laue. Br. titter dudder
Suff. — Dithing *Zittern des Amos*.
Tittle-tattle *schwatzen*, *Geschwätz*, tiddle-taddle, pibble-pabble
S... tittle-tattling Wh. — Titter-totter *wanken*, *wackeln*, *schwankend*, *im Gleichgewicht* Cr. tit······ Grose, titty-kum-twch Suff.
= see-saw *Schaukel*.
Ndd. doddeln *stammeln*, *ndl.* tateren. Ndd. ,'n 'ätcln
schnattern wie Gänse, tätel *geschwätziges Weib*, täteler *Schwätzer*,
titel-tateln *schwatzen*. dän. tjaddre, *cf. sehw.* tätting *Sperling*, dän. tjatte *leise an- oder aufschlagen*. Nhd. doteln
dadern dodern *schwatzen*, *stammeln*, dottern dattern *zittern*
u. s. w. GW.

99. Toot *klingen, wie ein Horn*; *tu t a* (toot tout Sc.), *weinen*
West.; — *Hornklang*, *Rückseite* Ch. 3810. 3851. tout Br. —
Tooty *schluchzen*, *weinen wie ein Kind* Dors. — Tootle *leise
zwitschern, wie ein Vogel, der singen will*. — Tootling *Geräusch*,
das die Zunge beim Flötenblasen bewirkt NHaupt. — Toteler
Flüsterer Hall. tuttle *flüstern* N. Cr. Lonsd. *weiter erzählen*
Cr. — Toot-horn *etwas Langes und Spitzes, wie ein Horn* Som.
Ags. totian *hervorragen, wie ein Horn auf der Stirne*. Ndd.
dadeln *schlecht auf der Flöte blasen*. dudel-sack. *ndl.* doedel-zack.
toteren *blasen*. totelen *stammeln*. — Sehw. tuta *Horn blasen*.
tjut *Geheul*. tjuta *heulen*; dän. tut *Horn*. tude *heulen*. Gäl. tut
a foist. to.

100. Stot *vom Bösen zurückspringen* Br. stott Sc. styte Bffs.
unsicher gehen (styte) Bffs. (totter), (styter Bffs.); *stammeln* PParv.
stut Cl. Lonsd. stutter Teesd.; *zurückspringend*, *totterig* Bffs. (styter). — Stottan stotter styter styteran *Stolpern* Bffs. — Stawter
stolpern, *tottern* Cl. stauter stoter Lonsd. stoyte Sc.
Ndd. stout, .hr. stöt *Stoss*; *ndd.* stöten, *ndl.* stoten stooten.
got. stautan. ahd. stôzan. Ndd. stötern, *ndl.* stotteren *stottern*.
Sehw. stut stuto *plötzlicher Fall*, *zurückspringen vom Boden*; stotta
stutsi *zurückspringen*, *stolpern*.

101. Rout *schnarchen, grunzen*, route Hall. rutten PP. PParv. Ch. — Ruttling *Röcheln, schwer athmen* South. *Ags.* hrútan *schnarchen*, hrût *blökendes Thier:* ? riuzan *brüllen, weinen. klagen; ndd.* rottelen rotlen *röcheln.*

102. Twit *Vogelgezwitscher* NHampt. twitter EA.; *Eulenruf* Hall. — Twitter *zwitschern, kichern* Lanc. *zittern, beben* Br.; — *Lachen, Kichern* Kent. *Zwitschern, Zittern.* — Twittle *plaudern* Hall.

Twattle *plaudern, verzärteln;* — *Geschwätz.* Br. Lanc. twaddle NHampt.

Twittle-twattle *schwatzen, Geschwätz* = twiddle-twaddle, twiddle-cum-twaddle NHampt.

Ndd. köddern *plaudern s. o. Schw.* qvittra, *dän.* qviddre *zwitschern.*

Wal. trydar (chirp, din; to chirp). trydarn (to chatter, din. chirp).

103. Pewit *Kibitz*, peewit Dors. Som. Sc. pic-wipe EA. peewit peez-weep Br. Lonsd. Sc. tewit Cr. (pewit or plover), puet Hall. — Tufit teufit (lap-wing) Teesd. tuiflit (lap-wing or plover). — Peet-weet *gefleckter Strandläufer* Wh.

Ndd. pu-vagel *Wiedehopf. Für die Ableitung von* pu *(Dreck) spricht ndl.* kaak-haan, *ne.* hoo-poop *und ndd.* puup-oss *deuten auf den Laut; so auch* pewit u. s. w.

Ndd. kiwitt kiwiet kiwiit *Kibitz: westfäl.* piwik, *in der Eifel* piwik kiwik; *ndl.* kiewit kievit kivijt piewit, *schw.* vipa, *dän.* vibe pewit.

Nhd. Kibitz, Kiebitz, Kiwitz, Kibbitz, *bair.* geibitz. *erzgeb.* kibich, *schwäb.* giritz u. s. w. — *Frz.* dixhuit.

Gäl. puta (young moor-fowl).

F. Mit auslautenden Gutturalen.

104. Cake *schnattern, wie Gänse* Cr. Cl.; *Gackern der Ente* Cl. *dummer Mensch* Hall. — Cackle *schnattern, gackern,* keckle Lonsd. Br. gaggle NHampt. PParv. — Cackle *lachen, kichern; plaudern* Lonsd. Lanc. chackle Som. — Cackle (kaklyne Ch.) *Schnattern, Gackern; Plaudern.* Keckle *laut, heftig lachen* Cr. Lonsd. Br. Sc. gaggle NHampt. wheeker (to neigh) Som. keckle *lautes Gelächter, lärmendes leichtsinniges Betragen* Bff's. keckle *prahlen* Sc.

Giggle *kichern; Gekicher; Lachen unterdrücken.* — Gig *leichtsinnige, leichtfertige Person* EA. giggle Shrops. giglet West. gigget Cotgr. gigelot Pl. PParv. — Giggish *dumm, leichtsinnig, üppig* EA. NHampt. — Giggleting *üppig* Som. — Giggle-gaggle *viel und laut lachen*.

Skrt. kakh-ati kakkh kakk khakkh gaggh ghagh ghaggh Pott 3. 144. *lat*. cachinnus (?hinnire), cachinnari, *gr*. καχάζω = καγχάζω, *ahd*. höh huoh *Lachen*. *Vgl*. *Froschruf bei Aristophanes: Βρεκεκέξ κοάξ κοάξ, auch bei Aesop.;* koah Wack. 23 ack qua u. s. w. *Ndd*. kakeln, *dän*. kagle, *schw*. kagla *gackern*. *Ndd*. käkeln, *ndl*. kakelen *plaudern*, kikel-kakel *unsinniges Geschwätz*, keken *schreien, schelten,* ghiegaeghen *wie ein Esel schreien. Mhd*. gagn gägen gign *wie eine Gans schreien; ndd*. gagelen kachen, *nhd*. kachen *stark und laut lachen*, *tirol*. kacheln *laut lachen*, kachern hachern *(Dessau)* = kackern tschackern tschäckern *(Erzgeb.)* kakeln *gackern, Ruf der Ente:* quak quak quak, pak pak pak, gagah, *der Eier legenden Henne:* gack gack, gagerage raggg, *der Gans:* ga ga ga, gag gag, gak gak, kak kak, giga, gigack, gickgack Wackern. 24. 25.

Ndd. ndl. kikken *mit dem Munde einen Laut hervorbringen; ndl*. quaken, kikker *Frosch*, gichelen *heimlich lachen*.

Wal. crecian (to chirp, to chatter), cree creciad (chirping) creciar (hen land-rail).

105. Keck *Anstrengung sich zu übergeben,* keckle *sich erbrechen wollen,* Glouc. Wilts.; *den Ton hervorbringen, der damit verbunden ist,* kecker Cl. — Kecker *ekel* N., *Schlund, Luftröhre* Som. Wilts. keake-horn Dors.

Gag *vergebliche Anstrengungen machen, sich zu übergeben*
EA. PParv. *ekeln. mit Ekel zurückweisen* EA.; *knebeln. um Essen
oder Sprechen zu verhindern; überhaupt knebeln* NHampt.
Ndd. käkel keek keke *Kehle, ndl.* kekel kekele, kekeren
stammeln, nhd. köcken, köken, käken *rülpsen, sich erbrechen
wollen. erbrechen.*
Gäl. arm. gag *Knebel,* gagach *stammelnd. Aber skrt.* käkala,
käkalaka *Halswirbel, Kehlkopf, lit.* kakla-s *Hals gehört zu* kar, skar
hin und her bewegen, drehen.

106. Yex *Schlucken*, yesk Sc. zoxe Hall. yoke West. yokes.
Som. — Yex *schlucken, den Schluchzen haben* Huloet, Florio, yesk
Sc. Palsgr. — Yocken *würgen* Lonsd. yowking *schreiend* NHampt.
Ags. giesa gihsa göoesa gisca *Schluchzen,* giscian *schlucken;
ahd.* gescôn gescizjan, gescizunga, *mhd.* gigzen gichzen gekzen,
gäcksen, gucksen.

107. Hiccough hickup hicket hicquet *Schlucken,* hicket *bei
Pferden* Hall. hickup-snickup N. — Hiccough *Schluchzen haben.*
hicheock Florio. — Hickingly (of a hacking cough) Hall. — Hickey
betrunken Grose.
Ndl. hik, hikken, *schw.* hikken. *Skrt.* hikk-ati to sound
inarticulately, to hiccough, hikkâ hiccough Pott 3, 145, *wal.*
hikètt, ig (yexing, hiccup, sob), *bret.* hok, hik, *frz.* hoquet,
hoqueter.

108. Hawk *sich räuspern,* Lane. hauch Bffs. hawgh Jam.; —
hawk *Räuspern,* hawking Suff. hauchan Bffs.; — hawkamouthed *der
sich beständig räuspert und spuckt* West.
Wal. hochi *sich räuspern,* hoch *Räuspern, frz.* hoquet *s. v.*

109. Blake *sich ausser Athem schreien, vor Lachen bersten*
Dev. — Bleak sheepish EA.
Ndd. blaken *bellen, unverschämt sprechen; nhd.* bläken blöken
von Kindern, Schafen und sogar von bellenden Hunden, blähen,
plähen, plehen, blehen GW.
Gr. βληχή, Geblök, βληχητά blökende *Thiere, wimmernde Kinder* Pott 1, 266.

mit auslautenden Gutturalen. 51

110. Knack *knacken, schnappen* NHampt. Blfs. *knirschen* N., *ftheig schlagen* Cr. Dev. Br. *brechen* Blfs., *geziert sprechen* Cr. Blfs., *glücklicher sein als andere* NHampt. Cr.; — *Spielzeug, Kunstgriff, listiger Streich* Sc. *Geschicklichkeit* Ess. Teesd. Suff. NHampt. — Knacks knackers *Holz- und Hornstücke, die wie Castagnetten gebraucht werden* Cr. — Knacky *geschickt, begabt* Cr. Suff. Sc. *sinnreich, witzig* (nacky) Sc. *lebhaft und angenehm in Unterhaltung* Blfs., *geneigt zu Tändeleien* Cr. — Knacker *einer der knackt,* Nussknacker, Spielzeugmacher, Halftermacher, Seiler; *alter Gaul* EA. NHampt. *Pferd eines Kohlenhändlers* Glouc. *der alte Pferde zum Schlachten kauft* EA. Suff. — Knackum *derber Schlag,* knackan *Schlagen, Schlag, scharfer Laut* Blfs. — Knackit *der zu schneller Gegenrede bereit ist* Br. nacket *kleine tändelnde Person* Sc. knackety nackety *zierlich, schmuck* Sc. — Knack-kneed *mit eingebogenen Knien.*

Knick *knicken, knacken, knirschen;* Knicken. — Knick-knack *Spielzeug, Kleinigkeit,* nick-nack, knick-knackery, nick-nacket, nig-nag Jam.; neek-nack *schnell und wechselnd* Blfs.

Knock *Laut eines plötzlichen Schlags* Dors. *Klopfen, Uhr* Sc. *schlagen, knopfen, schnellen u. s. w.* — Knocking *Bellen des Hundes bei Verfolgung des Hasen* Hall. *Anklopfen.* — Knocker *rer, was klopft. Thürklopfer.* — Knucher *kichern, schwatzen* Surrey.

Ags. cnucian cnocian *schlagen.* — *Ndd.* knaks! *bezeichnet inen stark schallenden,* kniks! *den hellen feinen Laut,* knuks! *len dunkeln dumpfen Laut, daher* knakken knikken knukken. — *Nll.* knak *Knack, Bruch,* knakken *knacken, brechen, Risse bekommen,* knikken *brechen. Nhd.* knak! *Laut des Zerbrechens, Anlopfens,* knick-knack *von dem knurrenden Wagen.*

Altn. gnaka, *schw.* knacka *leise schlagen, klopfen,* knaka *nacken,* knäcka *knicken;* dän. knage *knacken, krachen.*

Gäl. cnag *Schlag;* wal. cnec *Krachen, Schmarren,* cnic *iehter Schlag,* cnoc *Klopfen, Schlag,* enwc *Schlag.*

111. Crack! *Laut des krachenden Körpers, Kanonenschlag, 'chlag* Hall. crepitus ventris Cl. *Biscuit u. s. w.* Br. *Geschwätz e. Unterhaltung. Neuigkeit* Cr. Cl. Sc. *Prahlerei* cracks Cr. *Lüge e. sehr kurze Zeit* Hall. *krachen, knallen, klatschen* PParv. (crake fall.), *brechen u. s. w.* Hlm. *unterhalten* Norf., *prahlen* EA.

NHampt. Teesd. Hlm. Cr. Br. crake Suff. *gerinnen* Cr. *fallieren* Sc. — Cracky *gesprächig* Cl. Sc. — Cracker *was kracht oder bricht, Schwärmer, hartes Biscuit, Prahler* Sc. *Lüge* Cr. — Crackle *knistern, knarren, platzen; die hart geröstete Rinde des Schweinebratens,* pork-crackling NHampt. cracklin Suff.; *Wagenrasseln* Dors. — Cracket *niedriger Stuhl* N. (? cack). — Cracklings *mürber Kuchen* Suss. *Talg* Sc.

Crick-crack, crickle-crackle *Krachen* (Nares' Glossary).

Chark *krachen* Cr. knarren N. cherken chorken PParr. s. croak.

Crank *Knarren oder Kreischen des ungeschmierten Rads* Sc. knarren N.; *flink, munter, keck,* cranky Hall. — Cronk *rauh schreien, tönen* Br. krächzen Hlm. *schwatzen, frohlocken* (to crow over) Hlm. *Krächzen des Raben* Lanc. = crunk Cl. — Crunkle *knarren, wie ein Krahn* Cotgr.

Cranch *mit den Zähnen zermalmen, so dass es kracht; ebenso die Steine auf der Strasse mit einem Wagen zermalmen* Cl. *krachen, knittern, knistern, wie eine harte Kruste zwischen den Zähnen,* Hlm. craunch crunch scraunch scranch scrunch NHampt. cransh crunsh Suff. crinch EA. *oder gefrorener Schnee unter den Füssen* Cl. — Cranchy *knarrend, knirschend* Cl.

Crinch *kleiner Bissen* Glouc.

Anshum-scranchum s. u.

Ndd. kraken (*ndl.* kraaken) *krachen, brechen, zerbeissen.* — Krakeln *oft krachen, von rumpelnden Wagen; gackern.* — *Altn.* kráka *Krähe* s. § 9. 112. — *Ahd.* chrac, *mhd.* krach, krachen.

Skrt. kark *lachen*, kraksh *brausen, toben*, *gr.* κϱιϰ- *krachen, tönen*, κϱαγ- κϱωγ- *krächzen*, κλαγ- *schreien*, κλωκ- *glucken; lat.* clangere; *litt.* klegu *lachen*, krakti *brausen*, krankiu *krächzen*; *kslav.* krakati *krähen, pol.* hlahjan *lachen.*

Ags. cearciau cearcettan *knarren.*

112. Croak *krächzen* (crowke Wr.), *quaken wie ein Frosch, klagen; sterben* Oxon. — Croak croaking *Krächzen,* crouk Allit. B. 459. — Croaker *einer der krächzt, Rabe u. s. w.* — Croakumshire *Northumberland* Hall.

Crake *Wiesenläufer*, EA. croak N. craiks Sc.; *Krähe* Cr. NHampt. crake cruke Cl. — crake *krächzen, schreien wie der Wiesenläufer* Brock. Cl. — Rook *Saatkrähe.*

Skrt. kraka-ra-s *Art Rebhuhn, gr.* κρεξό-γα-ς, *lat.* grac-ulu-s *Krähe, it.* cracca *Geschrei der Krähe; kslav.* krak-ati *krähen. Altn.* kráka, *dän.* krage, *schw.* kraaka, kraksa *krächzen. Ags.* hrag-ra (*für* hrah-ra), *ahd.* hreigero, *mhd.* reiger reigel *Reiher; ndd.* rakker *Mandelkrähe.*
Skrt. kruç kroç-ati *schreien; lat.* croc-i-re crocitare, *frz.* croasser. — *Ags.* hróc, *ne.* rook, *ndd.* rôk, *ndl.* roek.

113. Creak *knarren,* Hlm. jirg Sc. cherke Pl'arv. crake Hall. craig Sc. screek NHampt. skreak Hall. screak *von der Säge* Cr. — Creke *glucken wie eine Henne* PParv. — Craker *Kinderklapper* Suff. Sc. creaker Cl., *Prahler.* — Craik *gackern, schnattern* Brock. *verdriesslich nach etwas rufen* Sc. — Cricket *Grille, Heimchen.*
Creech *schreien* Som., crait Sc.
Shriek, screik screigh Sc. skreek skriek screech Suff. Dev. skrik skreik NHampt. skrike Lanc. Chesh. Gloue. Conse. 7381 scrike shrike Cr. skreak Lonsd. *schreien.* — Schreight, screech-thrush, screech *Schnarrdrossel* Wilts. *Mauerschwalbe* Gloue.
Ndd. krikke *kleine wilde Ente, dän.* kriek-and, *ndl.* kriek krekel *Grille,* krieken *knattern, krachen, pfeifen; ndl.* schrijen *schreien,* schricht *Geschrei,* schrichten *laut und kläglich schreien. Dän.* skrige *schreien, schnarren, pfeifen; schw.* skri skrik *Schrei. Wal.* ysgrêch, *gäl.* sgrench *fortklingender Schrei,* ysgrechog *Elster.*
Skrt. garj (kûj, guj) *schreien, zirpen, knirschen; gr.* κριγ- κρίζω *zwitschere, knirsche,* κίρκ-ο-ς *Habicht; litt.* kirkti *schreien, schnurren,* gackeln, kirklys *Grille* Pott 3, 145, *s.* crack.

114. Clack *Klappern, Plaudern, Stimmengewirr* Lanc.. *Schwätzer* NHampt. *Instrument, das klappert u. s. w., kleine Windmühle auf hoher Stange, um Vögel zu verscheuchen* Hall., *Mühlglocke* Cotgr. *Pumpenklappe* Hall. *Weiberzunge* NHampt.; — *klappern, schwatzen; schnappen mit den Fingern* Hall. = tliek Lonsd. — Clacks *Castagnetten* Hall. cracks. — Claiks *Rothgans* Hall. — Clacker *Mühlklapper, Klapper im Felde,* West. Dors. clacket Cotgr. clackers clappers NHampt. cliket Cotgr. — Clack-box *Zunge.* clack-dish EA. = clap-dish. — Clock *Uhr, Schlaguhr.*
Click *scharfer oft wiederholter Laut; Thürklinke, Schlag* EA. NHampt. *tik-tak machen; schnell ergreifen* Teesd. click cleck Br.

cleche Hall. — Click-up *Person mit einem kurzen Beine* Linc. — Clicker *Ladendiener an der Thüre, die Kunden einzuladen* NHampt. — Clicket *jedes Ding, das klappert, Bettelteller* Cotgr. Art *Schlüssel* Hall. *Geschwätzigkeit der Frauen und Kinder* Suff. schwatzen EA. Cotgr. maris appetens *vom Fuchs* Hall. = clecking Cr.

Click-clack *ununterbrochene Geschwätzigkeit* Jam. to go click-clack *in Holzschuhen gehen* Bail. = clickety-clack Hants. Ndd. klakken *klatschen.* Mhd. klac *Bersten*, kleckel klechel klöckel *Schwengel in einer Glocke.* Altn. klaka *klingen, ertönen.* Ndd. klikken *plaudern,*

Wal. clec (crack, gossip), cleca (to clack, to gossip), clicied (latch), cliciedu (to fasten with a latch).

Clang *scharfer schriller Laut* (clank), *Schlag* N. (clank Br. clink, clinker Lonsd.); — *scharf schrill tönen* (clank), *zusammenschlagen, dass es schallt* (clank, clink), *gierig und geräuschvoll essen* NHampt. — Clanker *hartes Schlagen* N. Br.

Cling *heftig rauschen* N. — Clink *niederwerfen, dass es kracht, schallt u. s. w.* Sc. — Clinker *Faustschlag* Cr. Spur *von Rosshufen auf nassem Boden* NHampt. Gloue. *? schlechte Sorte Kohlen* Shrops. — Clinkum-bell *Glockenläuter* Sc.

Clunk *rauschen, wie die geschüttelte Flüssigkeit im Fasse* J. schlacken, schlingen Dev.; *Schlag* Sc. = clunch Suff.

Cling-clang, clink-clank, clinkum-clankum *Klingklang*, clink-clanking *tönend* Wh.

Ags. clingan, ndd. klingen, ndl. klinken, schw. klinka, dän. klingre *klingen.* — Ndd. klang, schwed. dän. klang *Klang; schw.* klunk *Schluck.* Ndd. ne. clinker *hart gebrannter Backstein ist wohl weniger nach dem eigenthümlichen hellen Ton genannt, als nach der unregelmässigen Form, die durch grosse Hitze bewirkt wird, daher von ndd.* klinken *einschrumpfen, durch Eintrocknen sich zusammenziehen.*

Mhd. klingen *von Schwertern, Wasser, Brunnen, Bach, Schellen u. s. w.,* klinge *Klinge, Thalbach.*

Frz. clinquant *Rauschgold.*

115. Whack *starker Schlag,* Cr. Som. Suff. Dors. whackin Suff. whauk Teesd. Sc.; — *stark schlagen* Br. Som. Dev. whauk

Sc.) *fallen* Cr. — Whacker *etwas Grosses* Hall. *grosse Luge* Br. — Whacking *sehr gross* Hall. Dev.

Ndl. kwak *plötzlicher Fall, ndd.* quakken *laut schallen, klatschen.* Vgl. whap.

116. Quack *schnattern, wie Enten* (quackle EA., *prahlen, quacksalbern;* Entengeschnatter, *Quacksalber u. s. w.* — Quackery Quacksalberei. — Quackish *marktschreierisch, prahlerisch.* — Quawking *Krächzen* Wilts. — Weeak *Vogelgezwitscher, kleine schmächtige Person mit dünner Stimme, zirpen u. s. w.* Bff's. Squeak *quieken, schreien* (week Cr. Suff. week wheak Sc. squawk Var.), *knarren wie eine Thüre.* — Squeaker *der quiekt, junge Taube, Schreihals.* — Squeak-thrush *Schnarrdrossel* NHampt. — Squeek-week *leise Klage eines kränklichen Kindes* Suff.

Ndl. quakken *quaken wie Frosch oder Ente, klagen, schreien;* quiken *quieken wie ein Ferkel; ndl.* quaaken kwaken, *dän.* qväkke, *schw.* qvaka; *ndl.* kwakkel *Wachtel.*

117. Thwack! *Laut von Schlag und Fall, schwerer harter Schlag* Lane. (thack Hall. tack *leichter Schlag*) *mit einem stumpfen und schweren Instrumente schlagen* EA. twack Hall.

Thwick-thwack *hartes Schlagen* Wh.

Wahrscheinlich durch Mischung von ags. þaccian *(streicheln) und* twiccian *(zwicken) entstanden oder aus* whack *und* schwind *Erweiterung zu sein.*

Twang! *bezeichnet einen scharfen hellen Laut, wie das Schwirren der Bogensehne, der Saite, Näseln beim Sprechen, Aussprache* Lonsd. Zuck Suff. Lonsd. *schwerer Fall* Lane. *plötzlicher Schmerz* Cr. NHampt. *scharfer Geschmack, wie der bes Käse* NHampt.; — *laut schallen, schwirren, schallen machen* twank, twangle. — Twank *die Schnur fallen lassen (vom Zimmermann)* EA. *mit der flachen Hand schlagen* EA. — Twanker *etwas Grosses und Dickes* Cr. Lonsd. — Twanking *gross, dick* Cr. *klagend* Dors. — Twangling *klingend, dröhnend, klimpernd.*

118. Tick Tick-tack *der Uhr* (tick-tack Hfx.), *leichte Berührung* Br.; — Tick-tack *machen, regelmässig sich bewegen.* — Tickle *leicht berühren, kitzeln, Kitzel fühlen, anregen*

Hall. *kitzelig* tickly Palsgr. *unstet, schwankend* Palsgr. — Tig *leiser Schlag* (ticket), *leise schlagen* Sc. — Tick-tack *s. e.; kurzer Zeitraum* Hlm. *Ndd. ndl.* ticken *leicht berühren,* tik *sanfter Schlag. Vgl. ags.* citelian (? tic - elian), *ahd.* kizilôn, *schw.* kittla, *dän.* kildre *kitzeln.*
  Gäl. diogail *kitzeln.*

119. Ruck *kleine Kuh* Som. — Rucket *rasseln* Oxon. ruckle Hall., *röcheln* Cl. — Rucking *von der brütenden Henne* Lanc. — Ruckstir *viel Lärm machen* Warw. — Ruggle *Kinderklapper* Dev. *Ags.* rocc-etan *rülpsen, lith.* rug-iu raugmi.
  Ndl. ruchelen *schreien wie ein Esel, lett.* ruhkt *brausen, sausen, rauschen* Pott 2, 255. *Gr.* ὀ-ϱυγ-μό-ς *Gebrüll.* ἐ-ϱεύγ-ω *rülpse. Lat.* rug-ire, e-ruc-tare.

120. Cook *schreien, wie ein Kuckuck.* — Cuckoo *Kuckuck,* cuccu Hall. curko Wr. 13 cokow 15 cauko 14. — Cuckold *Hahnrei,* cuckow Sh. — Cuck-quean *betrogene Frau* Hall.
  Skrt. kû, ku (kauti), kuc (kocati) *einen durchdringenden Ton von sich geben,* kôk-a *Wolf, Kuckuck, Gans, Frosch,* kôk-ila *Kuckuck,* kukku-bha phasianus gallus; *gr.* κόκκυ *Kuckucksruf,* κοκκύ-ζω *rufe wie ein Kuckuck, krähe wie ein Hahn, krächze wie ein Rabe,* κοϰκοϒ-α-ς *Wiedehopf; lat.* cucû-lu-s, *it.* cucolo, *sp.* cuco, *frz.* coucou (*Verb.* conconer coucouler), *gäl.* cuach. *Litt.* kuku *heulen, schreien,* kauk-ti *von Hunden und Wölfen, wehklagen von Menschen,* kukau-ti *schreien wie der Kuckuck. Ndd.* kukuk, *ndl.* koekoek; *schw.* kuku; *mhd.* kuckuc. *Ahd.* gauch, *mhd.* gouch *Gauch, schweiz.* Gugger, *ags.* geác; *isl.* gauk-r, *dän.* gjög, *schw.* gök; *isl.* gauka (cuculare), *dän.* kukke; *isl.* gaukla (glocire), *dän.* klukke.

121. Cock *Hahn; — leicht und schnell gehen* N. *sich gerade halten* Lanc. — Cockle *krähen* WCumb. — Cocklety *unstet.* — Cockney *Muttersöhnchen.* — Cocker *prahlen* N. — Cockerel cockrel cockle *junger Hahn;* cock-chick N. — Cockirer a wanton.
  Chuck! *Ruf der Henne,* Lanc. Cr. Jam. chuck juck *auch der des Rebhuhns* Hall. — Chuck *plötzliches leises Geräusch und Veranlassung desselben, wie Wurf, Stoss, Schlag unter das Kinn* Hlm.

Henne Lanc. (= chuck chuckie Cr. chucky Cl. Teesd. Sc.), *Ausdruck der Zärtlichkeit für Kinder* Suff. Cr.; — *glucken wie eine Henne, die ihre Küchlein ruft* (chuckle), *krampfhaft lachen, sanft berühren.* — Chuckle *innerlich lachen vor Freude oder aus Spott, liebkosen.*
Jng *Laut, den verschiedene Vögel hören lassen, wie die Nachtigall; mit solchem Laute locken.*
Skrt. kuc, kûj. *gr.* κοκκύ-ζω *s. o., skrt.* kukku-ṭa, *kslav.* koko-tu. *gr.* κίκιρ-ρο-ς *Huhn. Ags.* cocc. *frz.* coq, *pic.* cou, co. — *Lat.* cucu-r-i-re, *illyr.* kukur-ika-ti *krähen.* — *Gäl.* gug gog *guckern.* — *Nhd.* Gockel, schweiz. Gugel, Güggel.

123. Cluck! *gluck! Hennenruf* Som. clock Lonsd. Hall. — Cluck *glucken,* clock Lonsd. Cl. Sc. clutch South. — Clucking Glucken, clocking Hlm. cluckin Lanc. Lonsd. — Clutch *Brut Küchlein.* Kette *Rebhühner* EA.
Ags. cloccian *glucken;* ndd. gluck! glukken klukken *glucken.* schlucken, kluk *Schluck,* klukkern *liebkosen, wie Mutter und Kind,* klukkerer *einer der freundlich thut und schmeichelt;* ndl. klokken, klökken; dän. kluk! *Hühnerruf. Nachtigallenschlag. Girren der Tauben, Laut beim Schlucken von Flüssigkeiten:* dän. kluk-höne *Gluckhenne;* schw. skrocka *glucken,* skrock-höna; dän. skrukke skrugge, skruk-høne.
Wal. clocian (to cluck as a hen), *gäl.* glug (a rumbling noise as fluids), *frz.* glou-glou, (a rumbling stutter or stammer); gloe (clucking of hens). *Wal.* clochi (to rise in bubbles, to bubble), clochdar (to cluck, to chirp), clwcian (to utter indistinct sounds, to cluck), clugiar (partridge). *Nhd.* gluck, glu glu glu *Hennenruf bei Goethe. Lockruf auch* tuck tuck tuck, putt putt putt bi bi bi.

II.
Ablautbildungen.

Sie können verschiedene Ausgangspuncte haben. Das temporale Verhältniss (es klingt, es klang) könnte zu Grunde liegen und daraus würde sich die Bedeutung ergeben: das zu verschiedenen Zeiten Erklingende. Es konnte ferner auch weniger die Wiederholung desselben Lautes (kling kling), *als die Mannigfaltigkeit des Lautes bezeichnen:* tripp trapp, klipp klapp *(vom Dreschflegel, Mühlgeklapper =)* klippe klappe, chlipp chlapp *(Hebel vom Storch)*, schnipp schnapp, rips raps, grips graps; kling klang, sing sang, ting tang *Beckenklang in Spee's Trutznachtigall)* trick track *(Nüsse knacken)*, knick knack, klitsch klatsch, pitsch patsch. *Bisweilen ist noch ein dritter Laut mit gleichem oder ungleichem conson. Auslaut beigefügt:* bim bam bum, piff paff puff, schnipp schnapp schnurr, lirum larum loier u. s. w.; *denn es liegen nicht nur wirkliche Verben in ihren Ablautformen vor, sondern auch blosse Klangbezeichnungen, wie* bimbam, bimbaum. *Oft aber liegt nur ein Wort vor und diesem ist ein zweites mit anderem Vocale beigefügt. Wir finden im Englischen neben einander* i — a. ee — a, u — a; i — e; i — u, i — o, a — o, a — u.

A. i — a:

Bibble-babble *müssiges Geschwätz cf.* § 68.

Bincum-bancum. *In* Sussex *ist* a widow's bench *der Antheil am hinterlassenen Grundbesitz des Gatten, der der Wittwe ausser dem Wittum zufällt; in* Bucks Devonshire u. s. w. *heisst der Antheil am Gute, den die Wittwe erhält*, free-bench. *Sie wird desselben verlustig, wenn sie unkeusch lebt; kann aber die Rückgabe desselben fordern, wenn sie in bestimmtem Aufzuge vor dem Steward erscheint und spricht:*

Here I am
Riding upon a black ram,
Like a whore as I am;
And for my Crincum-crancum
Have lost my bincum-bancum;
And for my tail's game,
Have done this worldly shame;
Therefore I pray you, Mr. Steward,
Let me have my land again. Marriott. Wh.

Blish-blash *Unsinn* Leeds. *weicher Schmutz* N. Hall. § 63.

Blitter - blatter *bezeichnet das Knattern der Schusswaffen (es knittert und knattert)* Wh. Jam.

Bringle - brangle *Wirrwarr*, *Getöse* Jam. brangled *verwirrt* Linc., *nc.* brangle wrangle. — *isl.* brank (tumultus, turba), *mhd.* gebränge *Gepränge*, *Lärm*.

Brittle - brattle *s.* § 93 *rasche Bewegung*, *die ein Geräusch verursacht*.

Chiff-chaff sylvia hippolais *Bastardnachtigall* Wh. 120, ? *aus* chaffinch.

Chit-chat, chitter-chatter *s.* § 91 *leichtes mässiges Geschwätz*.

Click-clack *Ticken der Uhr s.* § 114 *fortwährende Geschwätzigkeit*; clickety-clack *bezeichnet das Klappern der Holzschuhe* Hants.

Cling-clang, clink-clank, clinkum-clankum *s.* § 114 *Klingeln*, *klingeln*.

Clish-clash, clish-ma-clash *s.* § 64 *mässiges Gerede*; *klirren*, *wie Waffen*.

Clit-clat *geschwätzige ausplaudernde Person* Cr. s. § 92.

Clitter-clatter *Klappern*; *mässiges Geschwätz* Wh. s. § 92.

Crick-crack *Krachen s.* § 111 = crickle-crackle Nares s. § 111.

Cringle - crangle *Zickzack* Wh.; crinkle-crankly *Runzel*, *Falte* Hall.; crinkum-crankum *nutzlose Zierrathen* = knick-knacks Wh., *nc.* crank *Windung*, *Knie an einer Röhre*; *sich winden, im Zickzack laufen*, crinkle *Windung*, *Falte*. — *Ags.* crance *gebogen*, *mhd. ndl.* krink *Kreis*; *schw.* kring *rund*, *altn.* kringla kringr *bringt Kreis*. *Ndd.* krinkeln *falten*, kronkel *Falte*, kronkelen *verwirren*.

Dibble-dabble *Abfälle* Fife s. § 70, *Lärm*, *Aufruhr* Hall.

Diddle-daddle, diddle-dawdle *Tändeln* Wh. § 98.

Dilly-dally *müssig* Wh. *faule Dirne* Sc. *zögern, umher schweifen (cf.* dayle to dally or tarry Hall. dallop dallup *Schlumpe* Norf.) *weisen weniger auf wal.* dala daly (to catch, detain) *als auf* dáil *(Erzählung), ndd.* taal, *ags.* talian tellan, *ndl.* talen *schwatzen, plaudern; ndd.* taalke *Schwätzerin, alberne Tändlerin,* talmen im *Reden und Arbeiten langsam sein, zaudern,* talmke *faules plauderhaftes Weib.*

Dimber-damber *der an der Spitze von Gesindel steht, daher auch Erzspitzbube, Erzbetrüger* Grose. *Wahrscheinlich ist hier weniger* demple (to wrangle, ? *ags.* déman *urtheilen) zu beachten, als* dambe (to dam), dambet (a rascal) Hall. *Es wäre in letzter Bedeutung gleich unserem: ein verfluchter Kerl, d. i. ein Mensch, der seine vorzügliche geistige Begabung schlecht anwendet. Liegt in* dimber-damber *mehr die Andeutung des Nichtsthuns, so wäre es wohl ndd.* dameln dammeln *tändeln, unnütze Arbeit aus Langerweile thun,* dameler *Thor u. s. w.*

Dimber-damber *sehr hübsch* Wh. dimber *hübsch* Worc. — *entweder von ndd.* tamen, *ndl.* taamen *sich geziemen oder* gäl. tiom *zärtlich, empfindlich,* ? *zimpferlich; mhd.* zimpfern *weinen;* zimpeln zimpern *sich affectiert, zärtlich, kläglich benehmen* Schmeller.

Ding-dang *rasche Folge; verwirrt. unordentlich* Wh. Dingle-dangle *Lärm, Zusammenschlagen von Geräthen; sich hin und her bewegend u. s. w.* Wh. s. § 27 *ndd.* dung-dang *ein müssiger träger Mensch, der von einer Seite zur anderen schwankt, wie ein Betrunkener.*

Dirdum-dardum *Ausdruck der Verachtung für eine Handlung, die der Handelnde für bedeutend hält* Jam. *Vgl.* dirdum *Lärm* Teesd. *lärmende Kurzweil, Zank,* dirdam *Schlag* N.; *cher* drite (dung) Hall. *Ausdruck grosser Verachtung* Havelok 682 — *ags.* dritan, *altn.* drita *sordes ejicere, cacare, ndl.* dryten; *ne.* dirt *Schmutz.*

Driggle-draggle *schmutziges Weib; schmutzig* Wh. — *hat sich aus* draggle-tail *gebildet;* a drigle-dragle (a dirty flurt), a drigle-dragle slut Florio — *ags.* dragan *ziehen und* tägl *Schwanz.*

Fible-fable *Unsinn* Hall. — *frz.* fable.

Fick-fack, fig-fag, fix-fax s. fax-wax.

Fick-facks *dummes Geschwätz* Fife fix-fax *Eile* Jam. figgle-faggle *albernes Betragen; lächerliches Betragen* Ayrs. figgle-faggler *der gute Sitten verdirbt* Jam. — *Ndd.* fakkeln faggeln *Ausflüchte machen, Umstände machen, fuchsschwänzen,* faksen *lose Streiche, Ränke, Blendwerk,* liks-faks maken *viele Umstände machen;* likfakker *(Hannov.) unbeständiger Mensch, Windbeutel; ndl.* likfakken *tändeln, von einem Ort zum andern laufen,* likfakkerij *eitle Dinge, Possen. Vgl.* lig *unruhig sein* Cotgr. like *unruhig, unentschlossen sein, müssig umher schlendern* N. Hall. *ferner ags.* ličol *trügerisch,* gelico, facen *Betrug.*

Fid-fad *Tändelei,* Tändler Wh. fiddle-faddle *müssiges Gerede, unbedeutende Sache, tändelnd, Zeit vertändeln;* fad *Grille* Warw. *sich mit Kleinigkeiten beschäftigen* Linc. faddle *tändeln* Hall. — *ist weniger ndd.* fade *(abgeschmackt, eigentlich von Speise und Trank,* insipidus; *läppisch, albern, thöricht), als* fidel *Geige, besonders eine schlechte Geige* = fidel-fumfei, fumfeien *lustig fiedeln* verfumfeien *bei Tanz und Musik vertändeln, verscherzen, verlieren cf.* fiddle-de-dee *Unsinn* Var.

Fiery-fary, firry-farry *Verwirrung, Wirrwarr* Wh. Jam. = ferie-fary, fearie-fairie, ferry-farry Sc. = firly Hall. — *gäl.* faire! faire! (ay! ay! what a pother!).

Fimble-famble *Ausflucht, grundlose Entschuldigung — hat wohl nichts zu thun mit ndd.* fummeln *fommeln umher tasten (wie* to fumble, famble *stottern), sondern es ist ndd.* fimeln *den Schein einer besondern Heiligkeit annehmen, nicht sowohl aus Heuchelei als aus Verstandesschwäche, ndl.* fijmelen.

Fingle-fangle *Kleinigkeit, Spielzeug; werthlos; nc.* fangle *Luftschloss,* fangled Sh. — *ags.* fangan *fassen, also was nur erfasst wird; wohl nicht von ndd.* fenteln *tändeln, nichtswürdige Dinge thun oder sagen, dän.* fjante *faseln, isl.* fana *sich närrisch betragen;* fonne Ch. pp. fonned, fone *Narr,* fon *närrisch sein* Hall., nc. fon-d.

Firly-farly *Wunder, wunderbarer Gegenstand* Cr.; firly, farly *wunderbar,* farlies *Wunder* N. firly *Wunder; wunderbar, sonderbar; sich wundern* N. — *ags.* fær-lic *plötzlich,* fær-vundor *erstaunliches Wunder.*

Flic-flac *Tanzschritt* Wh., flic *leichter Schlag, besonders mit der Peitsche, zucken* Hall. flack *Schlag* EA. *vorwärts und rückwärts bewegen* Cr. *Vgl. ags.* flyccerian *Flügel bewegen.*

Flim-flam *Streich, Lüge, Trug, müssige Rede; falsch, trug-*

ränkevoll Wh. = flim-flam, frum-fram Wh. flam *Betrug, betrügen* Cl. Lonsd. — *Ndd.* flemmen *aufschneiden, prahlen,* flem-boks *Prahlhans;* schw. Dial. flam *Scherz, Possenreisser, wohl nicht von dem geflammten* (flammig) *Kleide, das er trug, sondern von isl.* flämaeltr (ore deducto vel patulis labiis loquens) *oder* flimt flimtr flimtan (calumnia, nugæ infamæ).

Flip-flap *Laut, der durch wiederholtes Schlagen mit einem breiten Gegenstande entsteht; Schlag; sich überschlagen; Art Tanz; vor- und rückwärts, auf und ab sich bewegen* Wh. flipper-de-flapper *Lärm und Verwirrung* u. s. w. Suss. s. § 74.

Friggle-fraggles *Spielzeug, Kleinigkeiten, Flitter* u. s. w. — *altn.* frikia (vilissimus pannus) *oder* frack-r (res rejectanea).

Gibber-gabber, jibber-jabber, gibble-gabble *Schwatzen, elendes Geschwätz;* gibble *geschwätzig, wortreich;* gibble-gabbler *elender Schwätzer;* jibber-jabber *schwatzen* Wh. giff-gaff *Unterhaltung,* giffle-gaffle *Unsinn* Wh.

Giff-gaff *gegenseitige Gabe* Jam. — *ags.* gifan to give, gifu gift g(e)afu *Gabe.*

Giggle-gaggle *laut lachen* Wh. § 104.

Glibber-glabber *gottloses, verwirrtes Geschwätz; confus sprechen* Fife. glib *glatt, schlüpfrig,* glaber Hall. — ? *ndd.* glippen *gleiten, ndl.* glippen glipperen *glitschen, heimlich entweichen,* glipperig glibberig *schlüpfrig —* gäl. lab *Lippe, Wort;* labhair *sprechen.*

Glim-glam *schlauer Blick oder Zeichen* Angus, *Blindekuhspiel — jenes* ndd. glem *schmaler Streifen Licht, ags.* glaem, nc. gleam, gleem *Blitzstrahl, lichte Momente zwischen Sommerregen* Westm., glimpse u. s. w. — *dieses vielleicht* gäl. glam *rauh anfassen,* glams *Hände* NHumb.

Griff-graff *auf jede Weise, mit Recht oder Unrecht* Hall. Wh. graffle to grapple Som. — *Frz.* griffe *Kralle, Fang,* mhd. grif *Griff, Klaue. Vgl.* ndd. grip-grapsen *mit schnellem Griffe an sich reissen,* thür. Gripsgraps, *in die Graps werfen, d. i. etwas unter Viele werfen, das dann dem gehört, der es zuerst grapst oder ergreift,* ? riff-raff.

Higgle-haggle to higgle, to haggle, hag, to dispute West. haggle to argue Exm. higgler a huckster N. — *ndd.* häker höker *der Esswaaren in kleinen Quantitäten verkauft; daher* häkern, nut-häkern, ver-häkern *verkaufen, wahrscheinlich von* hake, *an dem* liese *Wauren aufgehängt waren*. An manchen Orten heisst das Recht, dies Gewerbe zu treiben, de hake. Ndl. lüb. hake der mit geringen *Wauren handelt, schw.* hökare, dän. höker.

Hirrie-harrie *Dubio!* Ruf, *einen Dieb fest zu halten; Lärm*, Streit Ayrs. Wh. — afrz. haro *altnormannischer Noth- und Hilferuf*. Man leitete es früher ab von ha Raoul d. i. Hilferuf an und Ruf der Furcht vor Rollo, dem ersten Normannenherzog. Palsgr. *hat* haroll alarome *und bezeichnet es als Ausdruck des Staunens und der Besorgniss*. Wahrscheinlich liegt dem normannischen Rufe ahd. hera (her) zu Grunde, also herbei! zu Hilfe! altn. hér, dän. her u. s. w.

Hist-hast *Verwirrung* Jam. Wh. — altn. hast-r *Hast*, *Eile*, ags. haest *Heftigkeit*, ndd. heister-beistern *in unordentlicher Eile etwas thun*.

Jim-jam *Flitter, Tand* Wh. = gimmer Hall. gimson EA. gimp *hübsch* — ndd. gimpen *Art feiner Schnüre, die mit Seide überzogen sind und Frauen zum Schmuck dienen*. ?gemmelig *läppisch, kindisch, einfältig*.

Jingle-jangle *Geklingel: Tand, Schmuck u. s. w.* § 30.

Kibble-kabble *heftiges Streiten, streiten* Biss. — ndd. kabbeln kibbeln *zanken*, kibber *Zänker*, kibbelige gekibbel *lautes Wortgezänk;* ndd. kabbelen *anschlagen, sich stark bewegen*, kibbelen um eine *Kleinigkeit zanken*.

Kim-kam *krumm, gekrümmt; schief, irrig* Wh. kam *krumm* Hall. *unordentlich* Cotgr. cam (die Schuhe) *schief treten* N. camnock gambril *Hängeholz*, cammish *linkisch u. s. w.* Hall. — wal. gäl. cam *krumm; krümmen, biegen*.

Kingle-kangle *lauter, böser Zank* Fife, cangle *zanken* Sc. cank *schwatzen* Hall. canking *winselnd, unzufrieden* Derby — gäl. cain *tadeln, verspotten, verleumden,* canglninn *Beunruhigung*. Vgl. ndl. konkel, ald. kunkel *altes Weib*, runkunkel *Scheltwort auf ein altes Weib (ndl.* ronken *schnarchen)*.

Kit-cat *Knabenspiele* Wh. catton *schlagen* N. — wal. cat (*Stück*), catai (a swing club).

Knick-knack nick-nack, neck-nack, nig-nag *Spielzeug, Kleinigkeit*, knick-knackery nick-nackery, nick-nacket nick-nackie u. s. w. Wh. s. § 110.

Lig-lag *Stimmengewirr, müssiges Gerede, unverständliche*

64   Ablautbildungen:

Sprache Wh. lik-laking *Schwertergeklirr* Jam. — *? aus* click-clack.

Miff-maff *Unsinn* Wh. Hall. maffle *stammeln* N. mafling *Dummkopf* N. miff *üble Laune* Var. miffy *Teufel* Gloue. — *gäl.* mab *Stammeln, schelten, tadeln; wal.* mefl *Schande, Scandal.* Miffy *mag von ndd.* muffen *(schlecht riechen und schmecken),* muffig *(schimmelig) herkommen.*

Mim-mam *Sumpf* Berks. — *gäl.* mam *grosses allmälich aufsteigendes Moor, vielleicht auch gäl.* mean *klein, so dass* mim-mam *kleines Moor heisst.*

Mingle-mangle *Mischung, Gemisch; gemischt: mischen* — *ags.* ge-mang *Menge,* mengan *mischen, ndd.* mengen, mengels *Mengsel; ndl.* mengen mengelen mengzel.

Mish-mash *Mischung, verwirrte Masse* NHampt. *mischen u. s. w.* Florio mish-mashorie mixtie-maxtie, mixtry-maxtry *jedes Ding in Verwirrung, Mischung:* mixie-maxie, mixty-maxty *vermischt, verwirrt; ags.* miscan *mischen, dän.* misk-mask *Mischmasch.*

Mize-maze *Labyrinth, Verwirrung,* mazle to wander as if stupefied Cumb. maso *verwirrt sein, schwindlig werden; Staunen* Hall. mase *wüstes Traumbild* Ch. mazelin *Dummkopf* Cumb. — *ags.* mase gurges, *isl.* meis *Krümmung, Korb, schw.* mes *dummer blöder Mensch.*

Nick-nack, neek-nack, nig-nag, nicklety-nacklety *s.* knick-knack.

Niff-naff *werthloser Gegenstand* Br., niff-naffs Sc., *kleine Person* Wh. *tändeln, thöricht sprechen und handeln* Sc. — niffy-naffy *unbedeutender eingebildeter Mensch* Cr. Tändler Cl. N., *tändelnd u. s. w.* Cr. Lousd. Niffle-naffle *ohne Erfolg arbeiten* NHampt. EA. nifle a trifle Hall. — *ndd.* nif *naseweise, schwatzhafte, sich klug dünkende Person,* ene olde nif-nif *oder* nifke *eine Alte, die viel zu tadeln hat;* nif nuff nibbo *Nase, ndd.* njbbelen *zanken.* nuf nufje *einfältiges Weib,* dat is en nuf *ein einfältiges Weib. das zaudert u. s. w.*

Niggle-naggle to nag or naggle N. Wh. to gnaw *nagen,* niggle to nibble West. — *ags.* gnagan, *ndd.* gnauen gnauen, *ndl.* knagen, *altn.* gnaga u. s. w. *von ags.* nagan, *altn. schw.* naga, *dän.* nagge nogge.

Pick-pack Wh. pick-a-pack Hlm. a-piggy-back Dors. to ride

pick-a-back *auf Rücken oder Schultern eines Andern reiten. Es hängt nicht zusammen mit* pick *und* pack *und noch weniger mit* pig, *sondern es ist* ndd. huken up-huken *aufhocken (thür.* hockeln), einen up den huk-bak nemen *auf den Rücken nehmen und tragen,* ndl. hogchel hochchel *Rücken. Vgl.* hog *auf dem Rücken tragen* N. Hall. ? hog-over-high (leap-frog) EA.

Pinkle-pankle *Laut von einer Flüssigkeit in einer Flasche; solchen Laut bewirken* Wh. — ndd. pinken, pinkepanken *hämmern, auf den Ambos schlagen,* pinke-pank *Klang verschiedener Hämmer; und* pingel *Schelle*, pingeln *schellen*, klingeln. Wal. pyncio (to note, descant), pwne (a note).

Pintledy-pantledy = pit-a-pat Line.

Pishery-pashery *Unsinn* s. § 62.

Pit-pat pit-a-pat; pittle-pattle *rasche Folge leiser Laute, Pulsschlag; schlagen vom Puls* Wh. pitter-patter *trappeln, tröpfeln, Laute davon,* pitty-patty *Herzklopfen*, pit-a-pat *tick tack u. s. w.* Line. § 89.

Pitter-patter *Gebete hersagen nach katholischer Weise* Wh. — pater noster.

Plish-plash *plätschern* Wh. pleesh-plash s. § 63.

Princum-prancum *steife, förmliche Dame* Grose; prank, prank up, prink, prink up *aufputzen* Hall. — altn. schw. pranga, dän. prange *prangen;* ndd. prunken, ndl. pronken; schw. prunka, dän. prunke.

Prittle-prattle *kindisches Plaudern* Cr. NHampt. Florio, nc. prate, prattle *plaudern* — ndd. praten prateln prätel $ 93.

Quish-quash s. § 66.

Ribble-rabble *unordentlicher Haufe; unanständige Rede; Verwirrung* Wh. rabble *verwirrt sprechen* N. rabblement *Pöbel, dummes Geschwätz* N. *Abfälle* Som. — ndd. ndl. rabbeln *geschwind und unbedachtsam plaudern*, ? rap *schnell,* rips-raps *in aller Eile. Vgl.* mlat. rabulare *schelten,* lat. rabula.

Riff-raff *Abwurf, Abschaum* Sc. *werthlose Sache* Bfs. *Pöbel,* Gesindel NHampt. Br. Sc. *schäbig, elend* Sc. *Scherz* Hall. *Schon bei* RBr. S. 151: er erschlug sie alle rif *und* raf ? *auch die Niedrigsten, ohne Ansehen der Person;* rif no raf *nicht das Geringste* — raff *Abschaum, Gesindel* Hall. *faul, liederlich* N. raffle *unordentlich leben. — Man führt es gewöhnlich auf das aus dem*

Deutschen stammende afrz. riffer *(wegraffen)*, rifler *(raffen, kratzen)* und raffer *(an sich reissen)* zurück. *In fast gleichem Sinne lässt es sich zurückführen auf ags.* rîfan *zerreissen, das durch* ā-râfan *nachgewiesen wird, so dass* rif-râf *das Zerrissene, Abgerissene, Lumpen heisst. Es kann aber auch der Ausdruck des Werthlosen gefunden werden in ndd.* raf *und* rif. Raf *bezeichnet das während des Winters verdorrte Gras,* rif *Gerippe, Aas, also* ne rif ne raf *weder Aas noch Gras, auch nicht das Geringste. — In der Bedeutung „Scherz" ruht es auf* gäl. rabhd (nonsensical, idle talk).

Rim-ram *unordentlich;* rimble-ramble *unsinnig;* ram *etwas dadurch verlieren, dass man es ausser Bereich schleudert* Som. rame *umherschweifen* York. rim *entfernen* Glouc. *Pöbel* Hall. ramble *umherschweifen, schwanken, taumeln —* isl. ramba *wanken, wackeln.*

Rip-rap *Laut von wiederholten Streichen; erschallend, brüllend* s. § 72.

Scribble-scrabble *inhaltslose Schrift, Gekritzel,* scribble-scrobble Wh. scrab EA. scrabble *mit den Nägeln kratzen* Linc. scribble to card wool Dev. scribe *mit Werkzeugen Zeichen machen, wie der Zimmermann —* ags. screpan *kratzen,* ndd. ndl. schrapen schrappen schrabben, dän. skrabe *und* ndl. scribbelen *schlecht schreiben von* lat. scribere.

Scrimpum-scrampum? Wh.

Scrip-scrap *kleines Stückchen* Wh. — scrip *Schrift, Schriftstück, Liste* scrite Wicl. script Ch. 9571 *vom lat.* scriptum, scrap to scratch EA. scrape to share badly Var. scraps *Ueberreste des ausgebratenen Schmeers* Suff. s. scrabble.

Shilly-shally *unentschlossen, schwankend, schwach; schwanken — verderbt aus* shall I, ne shall I *oder* shall he, ne shall he? *In der Bedeutung „*weak, delicate*"* Jam. (shilly-shally milk-au'-water things) *erinnert es an* ndd. schaal *von Getränken, die Geruch und Geschmack verloren haben;* shilpit milk Sc. *Milch die anfängt sauer zu werden. Vgl.* ndd. schulpen *Flüssigkeit in einem Gefässe hin und her schütteln, so dass man das Anschlagen hört.*

Shim-sham *Unsinn, vielleicht von* sham *unecht. Betrug, und dieses von* ags. sceamu ne. shame *Scham, daher* sham *(worüber man sich zu schämen hat, schlechtes Betragen), doch mag auch* wal. simp (fickle state, flutter) simplo (to flutter), gäl. sgeimbh sgiamb (nonsense) *eingewirkt haben*.

Skimble-skamble *flüchtig, unstet; wild; Unsinn* Wh. skimperskamper *flüchtig. schnell;* squimble-squamble *unachtsam* Cotgr. shimble *los, unverbunden* West. shamble *im Gange wanken* Var. shams *Gamaschen* Linc. shammocks *ein Pferd, das schlecht geht* Hall. — *ndl.* schampen *gleiten, ausgleiten,* schampig *schlüpferig.* Doch *vgl. gäl.* sgaoim (terror from false alarm, skittishness), sgaoimeil (skittish).

Slibber-slabber *sehr sorglos, unachtsam* Hall. slap *plötzlich* N. slippy *sehr schnell* Var. — *ndd.* slipen slipern *schlüpfen,* slipern *unachtsam, nachlässig.*

Slitherum-slatherum *schnell?* NR. Wh. slather Chesh. slither to slide, to slip Var. — *ags.* ä-slidan *gleiten,* slide *Fall.*

Smick-smack a smack *Schmatz,* Kuss Ray. smack *Schall vom Schlage,* Schlag Var., *schnell, scharf* West. *gegen etwas heftig stossen* Ess. *Wohl vom Schall, und nicht vom Geschmack ags.* smac, smacian *schmecken, ndd.* smakken smaksen *schmatzen, bei sorglichem Schmecken.*

Snip-snap *zänkisch; das Klappern der Scheere bezeichnend* Wh. snipper-snapper *kleiner unbedeutender eingebildeter Mensch* Wh. *s.* § 78.

Spitter-spatter *unsinniges Geschwätz* Wh. spat *Schlag* Kent. spattle to spit Hall. to spatter foul speeches Sh. — *ags.* spiwan spätan spætan spittan *ausspützen.*

Splish-splash, splishy-splashy *s.* § 63.

Splitter-splatter *weicher Schmutz* N. Hall. splautch *eine weiche Substanz auf den Boden fallen lassen* NHumb. *ndd.* pladdern *im Wasser patschen,* plätschern, pladder-natt *pfütznass.*

Squish-squash *quitsch-quatsch s.* § 66.

Swing-swang *Pendel. schwingend* Hall. swang to swing with violence EA. — *ags.* swingan swangettan to swing.

Switter-swatter *Geräusch, das Enten beim Trinken machen* Wh. swatter *Wasser umherspritzen, wie Gänse und Enten beim Trinken* York. swaddle *schlagen* Hall. swat *heftig niederwerfen; Schlag, Fall* N. sweat *schlagen* EA. — *Mhd.* swattgen *bezeichnet den Schlag von bewegter Flüssigkeit, Plätschern im Wasser. dial.* schwadern, swattern.

Thwick-thwack *stark vom Schlag* s. § 117.

Tick-tack *Tick-tack* s. § 118.

Tiddle-taddle *müssiges Gerede* s. § 98.

Tiffety-taffety *geputzt, mit Putz überladen;* tiffety-taffety gir *Putznärrin* Hall. taffety *lecker; hübsch* West. *seidenes Zeug* Hall. tiff *putzen* Hall. — Frz. taffetas *Taft*, afrz. tiffer *putzen*.

Tiffy-taffy *schweres Stück Arbeit* N. taffled *verwirrt* Dors. tifle *verwirren, stören* N. — Vielleicht aus ags. twi-fealdan twi-fyldan *zweifach falten, verdoppeln ist* tifle *entstanden* — ? altn. tetja *verhindern,* schw. töfva *zögern,* dän. töve. — Wal. dyfethlu (to entangle).

Tiffy-taffy *Tändler* Cr. Br. — *entweder verderbt aus* trifle trifler, *oder aus* tiff *gebildet, s. v.*

Tig-tag *tändeln, spielen* Wh., *handeln, feilschen* = tiggle-taggle Fife; tig *Schlag, Berührung* Hall. tick *leise Berührung* Hall. tack *leichter Schlag, schlagen* West. *spielen* EA. — ndd. tikken *gelinde berühren,* tikk *gelinde Berührung,* schw. tig *sanft schlagen* § 118.

Ting-tang, tingle-tangle *Glockenklang, kleine Glocke* = tingtong s. § 28.

Tinkle-tankle *Eiszacken* NR. tang *Zinke der Gabel* N. — ndd. tän *Zahn,* täneken *Zähnchen,* takkel *Zacke, alles Spitzige,* ts-täkel *Eiszapfen. Beide mögen zusammengeflossen sein.*

Tip-tap *Klopfen* s. § 70.

Titbore-tatbore the game of bo-peep = tit-bo- tat-bo Aberd. Wh. *Jenes scheint Erweiterung des letzteren zu sein: zu* bo *ist* tit York. (= this) *und* tat Lanc. (= that) *getreten.*

Tittle-tattle *müssiges Gerede* s. § 98.

Trim-tram *Tändelei, Unsinn* Skelton, trame *Trug, Verrath* Linc. trim *schlagen, schelten* Heref. — trim *Putz, Flitter; putzen,* ndd. trim *fein, artig, geschmückt.*

Trim-tram *wie der Herr, so das Geschirr,* like master like man Wh. — *wohl von dem technischen* trim *Gleichgewicht,* to trim a boat *ein Boot ins Gleichgewicht setzen.*

Tringham-trangham *eigensinnig, eingebildet* Wh. tringum-trangum, trinkum-trankum *Laune* Wh. — ndd. trekk *Zug, Begierde, Neigung;* ndl. trek *Zug, Ruck, Streich; Lust, Neigung;* treek *List, Betrügerei.*

d im Norden Wh. — ? gleich mit ndd. trip-trap-
le Wh., twiddle-cum-twaddle N Hampt. twiddleum-
ssiges Gerede, twittle-twattle s. § 102.
·hiffo-whaffo Lanc., whiffle-whaffle *Unsinn* Lonsd.
sch von unbeständigem Charakter Cr. s. § 88.
o schmeicheln Jam. — *wal.* chwalu to talk idly,
. *Oder aus* will ye?
e *klopfen; klopfend* Ayrs. whale *schlagen* Hall. —
stir, hubbub).
e Ayrs. whillie-whallie *zögern, trödeln* Jam. walt
ork. — ? *ndd.* wältern weltern *wälzen*. ? will he?
Posse, Kinderei; Gemengsel, wunderlich Essen
Kleinigkeiten, Spielzeug Hall. — whim *Laune*,
hvim *schnelle Bewegung*, hvima *sich schnell be-*
a (motion) chwimio (to be in motion), chwimiol
sk).
, whittie-whattie, whittee-whatteeing *kahle Aus-*
·; whittie-whattie *flüstern, gottlos sprechen*. *ver-*
natter *flüstern; leise Unterhaltung; Schwätzerin*
d (quick turn), chwido (to quirk, to juggle, to
e), chwidu (juggler) chwidla (to gossip); *vgl. ags.*

? *hin und her wackeln, wie eine Ente im Gange,*
: schwankend Wh. widder *schütteln, zittern* N.
r rollen Var. widdles *sehr junge Enten* EA. —
oder wal. chwido s. o., chwit-chwat *veränderlich,*

trifling, insignificant Hall. *wohl zum Vorigen.*
e *zittern, schwanken* Cr. EA. Br. (weegle-waggle
Bewegung EA., *zitternd* = weeglie-wagglie,
Bffs. waggle *schütteln, rollen, schwanken* Hall.
ll. — *ags.* wægan wagian *bewegen, schw.* vagga;

grosser Streit; heftig streiten Bffs. worsle-warsle
— *ags.* wræstlian *ringen, ndl.* wrostelen worstelen
en *den Saft aus den Kräutern drücken.*
wishy-washy, wishie-washie *schwaches Getränk*

Wh. *schwach, wässerig;* — washy *wässerig u. s. w. Es entspricht ganz unserem „Waschwasser"* (wash) *für dünnes Getränk. Die Bedeutung* wishy-washy *bleich, kränklich; langweilig, schleppend kann auch daher kommen, oder sich aus* wish (sad, pitiful West. bad, unfit Dev.) *entwickelt haben, und diesem liegt zu Grunde* wisht! he's in a wisht state, i. e. in a state in which there is much to be wished for, Hall. *oder* wal. gwstog (distempered, diseased) gwstu (to grow diseased) — *isl.* vos (scabies, miseria).

Wish-wash *Ausflüchte machen* Bffs. whisk *schnell thun* York. wisk *schnell bewegen* Hall. — whisk *wischen, fliegen;* mhd. entwischen.

Wriggle-wraggle *sich in kurzen Windungen krümmen*, to wriggle — ndd. wrikken *hin und her drehen, bewegen*.

Yickie-yawkie *Instrument des Schuhmachers zum Glätten der Sohle* Wh. yege a wedge Hall. — *? isl.* jagaz (exerceri assiduo labore), jacka (obtuso ferro secare).

Yiff-yaff *Schwätzer* Roxb. s. § 71.

Zig-zag *Zickzack in Linie und Weg; scharfe Windungen, Zickzack bilden* — ndl. *schw.* frz. zig-zag, dän. sik-sak. *Vgl.* zikken *hacken, in kleine Späne zerhauen.*

B. i — o:

Bim-bom *Glockenklang* Hall. *Spinnengewebe* Som. s. § 16.

Criss-cross *Kreuz statt der Namensunterschrift dessen, der nicht schreiben kann; mit Querstrichen oder Querlinien bedecken:* Alphabet = criss-crow row. — cross *Kreuz,* altn. kross *und dieses stand auch vor dem Alphabet.* Criss *kann Ableitform zu* cross *sein; man braucht es nicht als Verderbniss von* Crist's *zu nehmen.*

Didder-dodder *zittern* Hall. § 98.

Ding-dong *Glockengeläute* Sh. *hastig, unordentlich* = dingdang Wh. s. § 27.

Flibbety-flobbety, flipperty-flopperty, flippety-flop s. § 74.

Hiccius-doccius *Gaukler, Hokuspokus* — *entstellt aus* hic est doctus.

Jig-jog *schütteln, stossen; Stossen* Wh. giga-joggie Florio jig-a-jog *Stoss* Jonson. jigger *Prahler* N. jiggeting *Schütteln, Stossen*

Var. to jog jogger Suff. joggely *unstet* NHumb. — *ags.* sceacan, *ndd.* schokken schukken schukkeln, *ndl.* schocken *schüttern; daher auch* shig-shog-shog *Schaukel* Teesd. — *Vgl. ndd.* herum jakkern, ʟut-jackern *beständig spazieren fahren, wohl von* jagen, *thür.* jackern *(im raschen Trabe reiten, überhaupt sich rasch bewegen).*
Kibble-cobble *to* crease Oxon. — ?cob *Schlag, schlagen* Var., *wal.* cob *oder ndd.* kippen *auswählen. Zu letzterem wohl* kibty-kobty *tändelnd* Lonsd.
Knit-knot *Kleiderschmuck* Wh. knot a boss, a bunch of flowers *Schmuck in der Architectur.* Knot *Knoten, Schleife, schw.* knut *Knoten; Ecke eines Hauses, Bindeholz, dän.* knude *Knoten, Auswuchs an Körpern und Pflanzen. Vgl.* knit.
Lilli-low *helle Flamme* Lonsd. Cl. lilli-lo Hlm. — *altn.* logi log, *dän.* love lue; *ags.* lége lýge *Flamme,* ley Hall. low N. lowe PParv.
Niddle-noddle *nicken. Kopf schütteln,* niddle-naddle *nickend,* niddlety-noddlety — nodile *Kopf* Nominale MS. nodock *Nacken,* nod nicken, noddle *Hinterkopf, mit dem Kopfe wackeln, altn.* hnod.
Ninny-nonny *ungewiss* Linc. nonny nonnock *tändeln, Zeit verschwenden,* nonnocks *Launen* EA. *Auch könnte* nonny *wohl Abkürzung von* nonsical (nonsensical) West. *sein, wie* ninny *von* nincompoop (*dem verderbten* non compos mentis).
Ping-pong *Schmuck, an einem Draht befestigt und vorn an der Mütze getragen, der beim Gange des Trägers schwankt,* pink *schmücken* Som. pinnocks *schöne Kleider* Shrops. — *ndd.* pingeln *klingeln.* pung *Bündel, ags.* pung sacculus, cassidale; *altn.* pung-r *eine gewöhnlich am Gürtel befestigte Tasche für Geld.*
Sing-song *schleppender Gesang* — to sing *und* song *Singsang.*
Slip-slop, slip-slap *sorglos, achtlos; schlecht sprechend;* slipper-slopper *los und unordentlich, mit übergetretenen Schuhen* s. o. *S.* 67.
Slip-slop *weicher Schmutz* Hall. *schlecht Getränk, Thee u. s. w.; schmutzig* slipper-slopper Wh. — *ne.* slop *Schmutzwasser, ir. gäl.* ᵴlaib *Schmutz und ne.* slip *schlüpfen, ndd.* slipen slippen slippern.
Tip-top *Spitze. Gipfel: vorzüglich* Wh. *Beste* Var. — *ags.* ne. top.
Tisty-tosty, tosty *Schlüsselblumen zusammengeballt und im*

Spiele hin und her geworfen West. Dors. teesty-tosty Som. tisty-tosty *prahlend* Wh. — *ne.* toss *werfen*, tossing-ball *Spielball*. *Allein das ältere* tyte-tuste PParv. *ist* tit tite titty *(klein) und* tuz *Flocke Wolle, Haar* Leic. tussock *Grasbüschel; also: kleines Büschel, Blumenbündel u. s. w., und durch* to toss *wurde diese Bedeutung verengert*.

Titter-totter *Schaukel*, titty-kum-tawtah Suff. *s.* § 98, titter-totter *schaukeln; schaukelnd*.

Titty-totty *sehr klein* Norf., tittle-titty EA. toddy Lonsd.; tit *Stück* Som. — *isl.* toddi *Stück*, tita res tenera, in specie acus tenerrima; *ndd.* diddel-doddel *kurzes Endchen*.

Whim-wom *Klapper, die Vögel von Feld oder Frucht zu scheuchen* NHampt. — *zu Grunde scheint zu liegen ags.* wamb womb, *ne.* womb *Bauch. Die Entwicklung ist wie im Ndd.*, wamms *Kleid, das sich eng um den Leib schliesst, Wams*; enem dat wamms kloppen, wamsen wämsen *durchprügeln:* wame *Bauch* York. wamble *poltern* Hall.

Wim-wom *Umweg machen, rings herum* Leic. — *?altndl.* wimpel wimmle Sc. wummel Teesd. wummle Cr. wimble Hlm. *Bohrer*, wommel N.

Wiffle-woffle *übler Laune; mit Leibschmerzen* Wh. *Sollte* wofare *Sorge* Hall. woffle *veranlasst haben, so läge ags.* wâ-faru *(Unglücksfahrt) zu Grunde. Eher lässt sich wohl an wal.* chwif (whirl, turn), chwiff (hiss, whiff, puff), chwyf (motion, stir) *denken*.

C. e (ee, ei, ea) — a (ai, aw):

Chemp-champ *Pferd*, chem *Pferdegespann* West., champers *Hunde* Hall. — *Es könnte sich* champ *entwickelt haben aus ags.* camp *(Kampf)*, champ Exm., *daher Streitross, oder aus lat.* campus, *ae.* champe *(Feld), also Ackergaul. Aber* champ *(beissen, kauen)*, cham Palsgr. chamble Var. *und afrz.* champayer *weisen auf altn.* kampa (mastigare), kamp-hund-r *(Beisshund)*.

Freely-fraily *irgend etwas Leichtes: Leckerbissen, leeres Geschwätz, werthloser Putz* EA. frail *geistesschwach* Linc. — *entweder* frail, *frz.* fragile frêle *(zerbrechlich) oder* freluche *Quästchen von Seide, oder* freluquet *Leichtfuss, Laffe, eigentlich einer, der solche seidene Quästchen trägt.* Vgl. wal. ffral (crazy fellow), ffril (trifling thing).

Leirichie-larichie *gegenseitiges Flüstern; zuflüstern* Jam. — Beachtet man leer-rach Bfs. *Nachrichten und Unterhaltung ohne Zusammenhang, ein bedeutungsloses literarisches Werk;* (mit aff) *viel und sinnlos sprechen u. s. w., so muss man darin entweder* ags. læran *(lehren) und* ? lære *(leer. alts. ahd.* läri) *erkennen, also sprechen und inhaltslos, oder vielmehr ags.* lære *und* ræcu, *leere Rede.*

Reavel-ravel *Rhapsodie* Jam. — gäl. rabhoil, rabhan.

Reel-rall *Unterste oben, unordentlich* Jam. *Verwirrung* Bfs. Sc. — ags. ráfian *auflösen.* ndl. raveln, ndd. reffeln *fasern, sich zerfasern.*

See-saw *hin und her bewegen; hin und her, auf und nieder; Hin- und Herbewegung* Wh. *Schaukel;* sage saghe N. *Säge, ags.* sage; *wohl von der Bewegung der letztern, vielleicht aus der Reduplication:* saw-saw.

~~~~~~~~~~

D. u (ew) — a (aw):

Crush-crash *Krachen* s. § 65.

Kew-kaw *verkehrt, nicht recht* Wh. — kay link Gaw. keyhwuss *linke Hand* Lanc. gäl. ciotach, wal. cledd; — *oder* keik to stand crooked Lanc. altn. keik-r *krumm.*

Tew-taw *schlagen, brechen (Hanf, Leder u. s. w.)* Wh. = taw *weiss gerben; geschmeidig machen; binden* Som. tew *weich schlagen u. s. w.* — *ags.* tawian *bereiten,* ndl. tauen *bereiten, (Häute) gerben,* ndl. touwen.

Tutty-tatty *Nachahmung des Trompetentons* Wh. toot *Horn blasen* Var. tootling *Geräusch beim Flötenblasen* NHampt. tout the backside Hall. — ndd. tuten, ndl. toeten tuiten; altn. tauta, schw. tuta, dän. tude.

Wuff-waff s. § 86.

E. i — e:

Stip-step *Tritt* Wh. — *ags.* stäp, *ne.* step.
Selten kommen Wiederholungen der gleichen Form vor.
Mit bee-bee *schläfert man Kinder ein, daher im Reim:* baby go bee-bee now. Poor baby wants to go bee-bee; — *isl.* bi-bi.
Ding-ding *Liebling* Hall. *ist entweder Entstellung aus ags.* deór-ling, *ae.* derling, *ne.* darling *und daneben* dilling *Liebling (Jüngste von Menschen und Thieren). Letzteres erinnert aber auch an isl.* dilla *Kinder einschläfern,* dill *Gesang zu dem Zwecke.*
Minnyminny - monyfeet Teesd. monyfeet Cr. *Vielfuss* = many-feet.
Paw-paw *Ausdruck der Verachtung* = pugh! pogh! *wal.* pw! *Es erinnert an* baw alvum levare Lanc. *und ndd.* pu! a pu! *Ausruf, den Kindern Ekel und Abscheu vor etwas Garstigem zu erkennen zu geben:* dat is a pu *das ist etwas Schmutziges.*
Pum-pum *Fiedler,* Hall. *offenbar nach dem Laute, ndd.* fidelfumfei *Fiedel, Bierfiedel,* fumfeien *lustig fiedeln.*
Whart-whartle *durchkreuzen, in die Quere kommen, hindern* Br. EA. = whartle Norf., whart (across) Suff. *Vgl. ne.* thwart athwart.
Tiny-tiny! *wird bei einem Funde ausgerufen* Br., *wahrscheinlich von* tine *verlieren* Br., *isl.* tina; *also:* has any one tint (lost Hall.) it? *Der Eigenthümer oder der, welcher Ansprüche auf den Fund macht, antwortet:* miney-miney (mine).

III.
Reimbildungen.

Anshum-scranchum *in der Phrase* I never in all my life saw such an anshum-scranchum work Linc. *eine Bemerkung, die Jemand macht, wenn er die Einzelnen an spärlich besetzter Tafel hastig zulangen sieht. Es besteht aus ags.* enge *(enge, um die Menge der Anwesenden zu bezeichnen, oder die Kärglichkeit des Mahls) und ne.* scranch, *ndd.* schranzen, *ndl.* schrantsen *zerbrechen, zerbeissen, stark essen; ndd.* he kan good schranzen *er hat guten Appetit.*

Argle-bargle, argol-bargol *disputieren, zanken* Wh. argie-bargie, aurgie-bargle, haggle-bargle Sc. *besonders bei Handel und Kauf. Es mag* argue *dem ersten Theil zu Grunde liegen, oder vielleicht auch* ergo (argo argal Hall., argology idle speaking Hall.) *und diesem würde* bark *(bellen, schmähen) entsprechen. Daher* argol-bargolous *zänkisch. Aber die Bedeutung des Feilschens weist mehr auf* haggle *und* bargain.

Arsey-varsey, arsie-varsie, arsie-versie, arsey-versey, arsey-warsey Wh. arsy-varsy Cr. *das Oberste zu unterst, verkehrt* = arse versed.

Boo-hoo *brüllen, laut schreien, s.* § 2.

Boris-noris *blind auf etwas losgehen ohne Rücksicht auf Anstand und Gefahr* Dors. *Es liegt schwerlich* or-or *oder* boar's nose *(wie ein Eber darauf losgehen) zu Grunde: eher, scheint es, ndl.* bœrsch *(bäurisch, grob) und* norsch nors *(rappelköpfisch, unfreundlich).*

Bow-wow *Hundegebell s.* § 3.

Cag-mag *alte zähe, nicht essbare Gans* Linc. *geringere Art Schafe, die auf dürftigem Haideland weiden* Hants. *ungesundes Fleisch, besonders von gefallenen Thieren* NHampt. Dors. *etwas Grobes, Gemeines* Wh. *zanken* Worc. cack-mag *Plaudern* — to cackle *s.* § 104 *und* mag *schwatzen, schelten* Hall. *also Schnitter-*

schnatter, alte Gans u. s. w. Der Ausdruck der Werthlosigkeit und des Lärmens erweiterte sich.

Carry-warry, caury-waury, kirry-wirry *Katzenmusik am Polterabend, besonders wenn alte Frauen junge Männer heirathen* — entstellt aus frz. charivari, pic. caribari, *dauph.* chanavari, *prov.* caravil, *afrz.* chalivali, *mlat.* carivarium, charavallium, charavaria u. s. w. Das französische Wort tritt erst im 14. Jahrhundert auf. Scaliger *leitet es von* chalybaria *(kleiner Kessel) ab,* Ducange *vom mlat.* caria *(Nuss).* Diez *sieht in* vari *den Ausdruck des Lärmens, das auch in andern Wörtern vorkommt, und* Littré *vermuthet in* cari- *lat.* calix.

Catter-batter *disputieren, bisweilen mit dem Nebenbegriff: in guter Laune* Tweed. — catter *erinnert zunächst an* cat, *wie in* cater-waul *s.* § 33 *und nhd.* katz-balgen; *ferner an ndd.* katterbeet-sk *bissig wie eine Katze, von boshaftem Herzen und Mund; doch konnte es auch (ags.* cwēdan) *ndd.* köddern, *ndl.* kwettern *schwatzen sein.* Batter *sich durchschlagen* Midl. Dial.

Caw-daw *Dohle* Suff. cuwdy-mawdy NHampt. *s.* § 4.

Cherry-merry *Geldgeschenk* Wh. — *aus ne.* cheer cherish *und* merry.

Clap-trap *listiger Versuch, Beifall zu gewinnen; künstlich, scheinbar* Wh. a trap to catch a clap Bailey.

Coddy-moddy *Mewe im ersten Jahre* Ogilvie. — coddy *klein* Hall. *wal.* cota (bob-tailed, squabby) *und ne.* mew, *ndd.* mewe, *ndl.* meeuw, *frz.* mouette.

Colli-molly *scherzhafte Entstellung aus* melancholy Nares; *sonst auch* malecolye, malicholly u. s. w.

Coxy-loxy *gut gelaunt, trunken* Norf. coxy-roxy *durch Trinken erheitert* EA. *Beide mischen sich.* Jenes besteht aus cock cock's-comb coxcomical *und* (loxy) *aus* luxom lussum Hall. love-some; *dieses fügt* rocky *(trunken)* Var. bei, to rock, *dän.* rokke *wanken, unsicher stehen.*

Cow-how *Aufregung, laute Wehklage* Bffs. — how *Sorge; besorgt, ängstlich* howe RG. hoze ON. hoch-hey! *Ausdruck der Sorge* Sc. *und* ? cao caw *(Ruf)* Sc.

Crany-wany *kleiner Finger* Aberd. — wean weanie *Kleine, Kind* Sc. cranny *schnell, leichtfertig oder* cranky *lustig* Hall. = cronny Derby, crony *Vertrauter* Hall.

Crawly-mawly *erklärt* Forby „sorely mauled and scarcely able to crawl"; *aber* Wh. *gibt die Bedeutung: kränklich, unwohl, und dann ist wohl nicht an* maul *(schwerer Hammer) und* crawl *(kriechen) zu denken; eher an* crolling *(Knurren im Magen) und* maw.

Crinkie-winkie *Getümmel, Streit* Jam. — crinkle to rumple Var. winche to kick Hall. *Vgl. wal.* chwin activity, toil; chwyno to stir about.

Crowdy-mowdy *Mehl und Wasser kalt zu einem Brei zusammen gerührt* Jam. = crowdy; crowd a coarse apple-pasty Wilts. crowd *eins über etwas anderes bewegen* Hall. *geronnene Milch* N. crud cruddle to curdle *gerinnen* Hall. *ags.* croda (compressio) — mowdy *wohl entstellt aus* meal.

Cuddle-muddle *geheime vertrauliche Besprechung, oft zu bösem Zwecke; heimlich und flüsternd sprechen* Bffs. — to cuddle to lie close together Hall., *vielleicht von obigem* cruddle *oder von wal.* cudd (hiding, gloom), cuddio (to hide, to conceal) — mutter, *ndd.* musseln mustern pustern *undeutlich reden*.

Curlie-wurlie WSc. = tirlie-wirlie Jam. *Figur oder Schmuck am Steine*, tirly-wirly holes *künstliche Löcher* Sc. tirly-wirly *Kreisel* Sc. — curlie *kraus, gelockt* Sc. *nc.* curly *von* curl, *ndd.* krulle *Haarlocke*, krullen *kräuseln, altn.* krulla; *und* whirl *s.* § 41 tirl *in Bewegung setzen* Hall. *oder ? wal.* terol (refining, clarifying) teru (to clear, to refine).

Currie-wirrie *brummend, mürrisch* Ayrs. — *nc.* cur, *ndd.* köter *Hund, der die Kote bewacht*, whir *s.* § 41. *Daher auch* currie-wirrie *heftiger Streit, heftig streiten* Bffs.

Cushle-mushle *leise flüsternde Unterhaltung* Jam. — cosh *ruhig, still* Shrops, *wal.* cwsg *Schlaf, Zustand der Ruhe;* mush *ganz schweigsam* EA. *oder aus* muss *Mund* N.

Dixie-fixie *scherzhafter Ausdruck dafür, dass Jemand in Haft ist* Jam. — ? Dick is fixed.

Eastie-wastie *unzuverlässiger, unbeständiger Mensch* Jam. — wastle *wandern* Heref. *und* esie (easy) gentle, light Ch. *oder ? schott.* estlins (lieber, *eher, gern) von ags.* êst *Neigung, Gunst.*

Eckle-feckle *froh, heiter* Jam. — eke to ease Hall. feck *vertrauter Verkehr, Neigung* Bffs. isl. feginn *innerlich froh, ags.* fägen, *ne.* fain.

Eckle-feckle *scharfsinnig, gescheid* Jam. — *egge scharf* Hall. = *ags.* egle *von* ecg *Schärfe* ; feck *Menge, reichlich* Sc. NHumb. *Macht, Thätigkeit* York.

Fal-lals *Putz, Bänder am Frauenkleide;* fallal *flitterhaft geputzt* EA. NHampt. Teesd. Jam. *buhlerisch* Shrops. *Unsinn* Wh. fallal *flatterndes Band, ausgezackter überschlagender Kragen* Hall. — *entstellt aus frz. it. port.* falbala, *genf.* farbala, *span.* farbala falbala, *parm.* frambala, *piem.* farabala; *auch ndd.* falbula *ein Kranz, der unten am Frauenkleide oder auch anderswo als Schmuck angebracht ist. Ausdeutung desselben ist ne.* furbelow.

Fax-wax, fix-fax Cr. Teesd. Jam., fex-wex Biblesw. Wr., fickfack, fig-fag; pax-wax, pax-wex Kennet. PParv. EA.; pack-wax Ray, peaws-weaws Lanc. tax-wax Hall. *Sehne im Nacken* Hall. Hlm. *grosse weisse Sehne im Nacken von Thieren* EA. Brock. *im Nacken des Kalbs* Lauc. *Bezeichnet das vielgestaltige Wort die weissliche Substanz der Nackensehne, nhd. Haarwachs, dann könnte der angelsächsische Name gelautet haben* feahs (feax, fex)-weax (wäx) *und dieser wird durch ndd.* haar-wass *(grosse, starke Nerven im Fleische) erwiesen. Daher obiges* fax-wax, *aus dem sich* fixfax, fickfack, figfag *entwickeln. Es bezeichnet also* weax *die wachsartige weissliche Substanz, die aus Nervenfasern besteht oder in diese (haarartig) ausläuft. Aus den niederländischen Elementen* pees (*Nerv, ndd.* pesel *Ochsenziemer,* nervus genitalis tauri, *ne.* pizzle) *und was bildet sich* pees-was, *und das veranlasst* pack-wax, peaws-weaws. Tax-wax *ist vielleicht ndd.* tae *zähe,* hamb. tago *und* wass (*zähes Wachs*). *Heyne aber in* GW. *sieht in mhd.* har-wachs *ahd.* haru haro haraw *Flachs und* wahso (*in* walto-wahso *Nerv) Wachsen, also Flachs-Nerv. Heinse gebraucht Haarwachs von der Achselhöhle.*

Flibber-gibber *lügenhafter Schurke* Wh. s. § 74.

Fol-lol *Ausdruck jugendlicher Freude im Spiel* NHampt. folde-rol *Unsinn* Var., *nhd.* fifallerallera.

Frig-pig *Tändler* Grose — frigge *sich hin und her bewegen, geschäftig einmischen* Warw. *ags.* wrigëan, *ndd.* wriggeln, *ndl.* wricken, *dän.* vrikke, *schw.* vrikka; — peg *sich schnell bewegen; Wirbel, Pflock.*

Frobly-mobly *ziemlich wohl* South. — *letzteres wohl* mobile; *in* frobly *lässt sich vermuthen* framable (pliable) Hall. *oder* atte frome *(vor allem)* Hall. *oder das verstärkende ags.* from. *oder wal.* ffraw (full of motion, alert).

Gabbie-labbie *unverständliche Rede* Jam. s. kebbie-lebbie.

Glairie-llairie *aufgeputzt*, glairie-llairies *Flitterstaat* Jam. — *ne.* glare, flare.

Gol-mol *Lärm, Bewegung* Wh. — *entweder aus ags.* göl *Gesang,* galan *singen und* mäl mäil *Rede, oder aus wal.* gall (energy), gallu (power) galluog (powerful, mighty) *und* moloch (tumult, up-roar).

Hab-nab *aufs Ungefähr* Wh. by hab and nab *mit Recht oder Unrecht* Cr. — *ags.* häbbe (ne-häbbe) näbbe *habe ich's, oder habe ich's nicht. Daher wohl auch* hob-nob *schnell, unbesonnen* Sh.

Hackum-plackum *Handeln, Feilschen* N. *Es bezeichnet ferner, dass jeder seinen gleichen Antheil bezahlt* Jam. — to haggle biggle *feilschen;* plack *Geldstück* Sc. *ndd.* plak *Stück,* plik *Kleinigkeit,* plakken *abzwacken, erpressen.*

Haggerty-taggerty *zerlumpt* Jam. — hag *Unordnung* Som. hagler *Stümper* Hall. *auch wohl* to hack; tag *Pöbel. Vgl. ndl.* hack, *ndd.* hake *der mit geringen Waaren handelt,* hak *schlechter geringer Mensch:* hak un mak *schlechte Leute, Lüb.* hak un pack.

Halloo-balloo *grosser Lärm und Aufruhr* Jam. — halow *Schifferruf* PParv. = heuylaw romylawe Ortus, heualow rummylow Medulla, hcuelow and rumbeloo Ritson *und* hey how and rumbylowe; heuelogh rombilogh Caxton. with heaue and hoe Cotgr. *frz.* halle! *Ruf, Hunde zu hetzen,* haller to hallow or encourage dogs Cotgr. — *ndd.* ballern *klappern, ndl.* baldern *s.* bullie-bullie.

Ham-sam *unregelmässig* Cumb. — *wohl weniger von wal.* hwman (wavering motion) *und* sim (what is flippant or light), *als von ags.* hamelian, *ahd.* hamalôn *verstümmeln, lähmen; daher ein* ham-some *gelähmt. hinkend* = hameling N.; hampery out of repair Kent. *Vgl.* hom-som.

Ham-stram *Schwierigkeit* Jam.

Hankum-plankum *ganz gleich* Berw. = hackum-plackum. — hang *Abhang, Neigung* EA. plank, *ndl. dän.* planke *Planke, Bret, lat.* planca, *frz.* planche *Diele,* plancher *Fussboden: Neigung, wie auf dem gedielten Fussboden.*

Harum-scarum *wild, zerstreut, in ängstlicher Geschäftigkeit*

NHampt. hearam-skearam Som. hairum-scairum Sc. harum-starum Br. Lanc. harum-scarum *zerstreuter flüchtiger Mensch* NHampt. Cr. — *afrz.* haro! *Hilferuf,* harier *aufreizen;* hare *eilen, schrecken* to scare Hall. *altn.* skiar-r *scheu. Uebrigens liegt es nahe an* to scare a hare *zu denken.*

Hauchee-pauchee *von Kartoffeln, die zu Brei gesotten sind* Dev. — *frz.* hacher *zerhacken,* hachis, *schott.* haggis *gehackte Fleischspeise* hatchee Cornw. *In* pauchee *liess die Bedeutung* potatoes *vermuthen, wenn nicht der Accent stets auf der zweiten Silbe ruhte und eine ganz anders lautende Verkürzung veranlasste:* potatoe tater tatie u. s. w. Hall. *gäl.* puntata taten. *Es ist vielmehr* pochee (a dish in ancient cookery consisting principally of poached eggs. l'egge) all to pauch (to a mash) Dev. *s.* hodgepodge.

Haurey-gauvey *Dummkopf, Tölpel* Leeds. Cl. — hauve *staunend angaffen* Cl. haver *unsinnig sprechen* N. haver haiver Sc. haverel haiverel *Narr* Sc. *wahrscheinlich von ags.* alf, älf, *altn.* alfr alfi *Elf,* awlf aulf auf, *daher* awfish awvish hauvish *einfältig, dem die Elfen etwas angethan haben;* — gauvy *Tölpel,* gauve *anstarren* N. = gave Cumb. gawfin Chesh.

Havy-cavy *unentschlossen, bedenklich* Grose, heivy-keivy *im Gleichgewicht schwankend; zweifelhaft, bedenklich; trunken* Cr. heyve-keyve *schwankend* York. — *ags.* hefian hebban to heave *und altn.* kafa *untertauchen,* kovere to descent Gaw. *also: sich hebend und senkend. Die Bedeutung „beweglich, ruhelos" kann auch herrühren von altn.* käfa *umwenden, schw.* Dial. kava *mit Hand und Fuss sich abmühen,* kave *scharren, unruhig sein.*

Havey-scavey Cumb. heevy-skeevy Wh. hivy-skivy Linc. *Hals über Kopf, schnell, verwirrt.* — haveren unsettled, unsteady EA. haffle *stammeln, verdrehen* N. scafe *auf- und ablaufen, umherstreifen;* scaffling *Aal* Chesh. scavernick *Hase* Cornw. shaffle to shuffle, evade Lanc. *Vgl. ndd.* schüfeln *schaufeln, mit scharrenden Füssen gehen, mischen, betrügen.*

Haity-taity *Bret zum Schaukeln gebraucht* West. hity-tity *Schaukel* Som. tate to tilt, overturn West. tail *schankeln* Dors. hite to hite up and down, to run about idly North. — *dän.* hig og did *hin und her,* träkke hid og did *hin und her schwingen, schw.* hit och dit *hier und da.*

Hayty-tayty what is the matter? Nllampt. what's here? Som.
*Die Bedeutung lässt zunächst an eine verstümmelte Frage denken,
etwa:* how is it to day? *Es liegen aber auch vor:* hait *glücklich,
froh* Hall. tait Allit. Poems ed. by Morris 2, 871 teite Hav. *ist.*
teitr *froh; daher: glücklich und froh.*
Hedly-medly *Verwirrung* Hall. — maddle *verwirrt sein und
verwirren* N. mad *toll oder* to meddle, *in dem sich ags.* midlian
mit afrz. medler metler mesler meller *mischen;* — *ne.* huddle,
ndl. hoeteren *stümpfern.* hudeln. *ndd.* hödel *blode. Vgl. wal.* hüd
(illusion, charm), hudo *anlocken, täuschen,* hudol *lockend, trügerisch.*
Helter-skelter Florio Sh. XII. Wh. hilter-skilter Jam. *verwirrt,
unordentlich vermischt, lärmend* Wh. = *ndl.* hulter-de-bulter,
huster-de-buster, huster-buster, *ndl.* holder-de-bolder, *schw.* huller
om buller — skelt (rumour, report) N. *wohl von ndl.* schellen. *schw.*
skalla *schallen,* skallra *klappern und* helde (to move Gaw. helding
schnell West. Monthly Magazine 1811, p. 552 *erklärt es aus*
hilariter et celeriter.
Helter-skelter *nur mit einem Zaume dahin sprengen* Lane. —
skelter *galoppieren* Lane. *Vgl. wal.* sgawl (vehement, active)
und helter Lane. N. halter *Halfter.*
Hen-pen *Vogelmist* N. Som. — *wohl nicht* pen *einsperren,
Hühnerhaus, Schafhürde; eher* pin *Pflock oder verkürztes* punky
schmutzig Derb. *ndd.* pinken, *schw.* pinka *pissen. Vgl. wal.* baw
(dirt).
Hickertie-pickertie Jam. hickledy-pickledy Ray. hicklepy-pickleby,
higglety-pigglety, hidgelly-pidgelly Wh. higgledy-piggledy Suff. higlypigly Wh. *verwirrt,* pickle (confusion) Hall. (a mischievous boy)
Dev. piggatory *grosse Unruhe* Ess. — *ndd.* hicken *mit dem
Schnabel hacken,* picken, pikken bikken to pick.
Hickup-snickup *der Schlucken* Brock. s. hick-up *vielleicht aus*
hiccough, *ndl.* hik *Schlucken* hikken *den Schlucken haben, dän.*
hik, hikke, *schw.* hikken; *ndd.* snikken snukken *schluchzen, nach
Luft schnappen, ndl.* snicken snacken.
Hiddie-giddie *kurzes Stück Holz, an beiden Enden zugespitzt,
um die Ackerpferde auseinander zu halten* Berw. Jam. *desgleichen
für Ochsen, am Joche angebracht* Sc. — giddie *ist nicht* guide
gid Hall., *sondern* ged *Pike* XIIumb. *ags.* gád, gad Hall. l'Parv.

Wr. 202 god Wicl. PP. Wr. 89 *nc.* gad, goad — *und* head *also Kopfstock, wie in* hidd-rick *oberste Querfurche* Sc. hed Hall.

Hiddie-giddie *das Oberste zu unterst, auf und nieder, hierher, dorthin, verwirrt* hirdie-girdie Wh.; *wild, ausgelassen* Sc. — *wohl aus* head *und* giddy. Wedgw. *führt ein nordisches* gidda *(zittern) an. Vgl. wal.* hyddig (irritable), gwid (quick whirl), gyrddu (to act vehemently), hyrdd (sudden shock).

Highty-flighty, highter-flighter *gedankenlos, flüchtig* NHampt. — highty *wahrscheinlich aus* head hed hid; flighty giddy, thoughtless Hall.

Highty-tighty! hoity-toity! *lustig; schwindlig, gedankenlos* Wh. hity-tity *Schaukel* Som. hoity-toity! *bezeichnet Ueberraschung, Staunen* Lonsd. *Die erste 'Bedeutung erinnert an ndd.* heidi! heidi heidum! *Ausruf der Freude, und* heidideldei! *mit dem man die Kinder auf dem Arme tanzen lässt. Der Bedeutung schwindlig liegt wohl zu Grunde* head *und* teety *(mürrisch)* N. Brockett; *frz.* haut tête. *Uebrigens ist ndd.* hoit! *Aufmunterungs- und Schmeichelwort.*

Hildie-gildie NHampt. *Aufruhr* — *scheint Entstellung aus* hirdie-girdie, *wenn nicht wal.* hylid (apt to be angry) *zu Grunde liegt. Wäre es alt, so könnte man an ags.* hild *(Kampf) und* galdor gealdor *(Hornklang) denken.*

Hildy-wildy *unbeständig, veränderlich* NHampt. — helding *schnell* Hall. *und* wild.

Hiltie-skiltie *rasch auf einander* Sc. *s.* helter-skelter.

Hinch-pinch *ein Weihnachtsspiel* Cotgr. pinse morille.

Hippertie-skippertie *hüpfend* Jam. — *ags.* hoppan, *ndd.* huppen huppern hippen, *ndl.* huppen huppelen, *dän.* hoppe, *schw. Dial.* skimpa *laufen, nc.* to skip.

Hippertie-tippertie *schwankend* Roxb. — tip tipple *umwenden* West. *ndd.* tippen *anrühren,* toppen *ziehen. Vgl. wal.* hip (sudden tap), hipio (to tap, tip).

Hirdum-dirdum *Lärm, lautes Gelage, Unruhe* N. Roxb. hurdum-durdum Hall. — *Wal.* dwrdd *Lärm, Bewegung, gäl.* diardan *Zorn;* dirdam *grosser Lärm* N.; *wal.* hwrdd (push, thrust) *oder* hurle *brausen wie der Wind* Hall. *also: Saus und Braus. Daher auch: verkehrt, verwirrt* Roxb.

Hitty-missy *recht oder unrecht* EA. Cr. NHampt. *aufs Gerade-*

wohl Lonsd. hittie-missie *vermuthlich* Cotgr. — *aus* hit he, miss he.

Hitty-titty *klein und dick* Wh. — isl. tita *klein;* tit *Bissen* Som. *bald* titte Hall.; hit *für* hilt-s *Prügel* Hall. s. hoddy-doddy.

Hizy-prizy Hall. hizey-prizey Brock. — *verderbt aus* nisi prius. Hob-job a clumsy job XHampt. — to hobble *hinken, verwirren:* hobbly *uneben, rauh.*

Hobble-gobble *Truthahn* XHampt. s. § 71.

Hobble-bobble *Verwirrung* Suff. Hall. s. § 68.

Hob-nob *mit den Gläsern anstossen* Cr. *beim Glase plaudern;* hob and nob *Anstossen* Hall. Wheatley *glaubt es aus* nob to nob *entstanden.* Vgl. ndd. nubben gnubbeln stossen, nc. knubble *knuffen.*

Hobby-tobby *bezeichnet Kleidung und Haltung eines putzsüchtigen Weibes* Jam. — tob to chuck Beds. ndd. toppen tobben zupfen, ziehen, tobbeln ziehen, *ein heimliches Liebesverständniss haben;* oder top, wal. tob (summit)?

Hocas-pocas, hochos-pochos, hokey-pokey, hoky-poky N. *neben* hocus-pocus *Betrug. Blendwerk, Gaukler, betrügerisch* Wh. — ndl. hokus-pokus *vielleicht Verstümmelung der Weiheformel* hoc est corpus, *deren sich der Taschenspieler bedient, um seine Künste einzuführen.*

Hockerty-cockerty *auf Jemandes Schultern reiten* Jam. hocker *steigen.* hockern N. ndd. up-huken *aufhocken.* enen up den hukbak nemen *auf den Rücken nehmen;* ? cock *oder* cocket (brisk, airy) Kennett *oder* wal. cocru (to fondle).

Hod-dod *Gartenschnecke* XHampt. hodman-dodman Bac. hodmandod *Schneckenhaus, Schnecke* South. oddy-doddy *Flussschnecke. Wahrscheinlich* dod *Sumpf* XHampt. *Schaale* Suff. dod-man *Schnecke* Hall. hod (hood) *jede Art von Decke* Hall. *oder wal.* hudd (covert, shade; dusky, dark, gloomy), dod-man *Mann mit einer Decke oder im dunkeln Hause. In der Bedeutung Flussschnecke mag es mit* gäl. oth *(Wasser) zusammenhängen.*

Hoddy-doddy *kurze dicke Person* Wh. hodmedod *kurz, plump* West. *unverhältnissmässig dick* XHampt.— hoddy *klein von Gestalt* EA. isl. hæti *Kleinste, Mindeste;* ndd. dutte *Pflock,* dot *kleines Stück* Palsgr.

Hoddy-doddy *närrische, lächerliche Person* Hall. — *entweder von der Gestalt*, s. vorher, *oder von* dote *faseln*, *närrisch sein;* Narr Hall. dän. dote *dumm*, ndl. dotten *betrügen;* wal. hutan (oaf, dotterel) hutyn (a stupid fellow).

Hoder-moder *geheim* Skelton — ags. hýdan to hide, *oder* hôd hood; ndd. huud *Haut*, behûen *verbergen*, hüden höden *hüten*, *schützen;* moodle *zusammenfalten* N. mood *gedrängt* York. isl. môt *zusammenfalten*.

Hodge-podge *Gericht aus Allerlei*, *Mischmasch* Wh. hotch-potch Sc. hotch-pot Hall. ndd. hutz-pott *Sparbüchse (got.* huzd, *ags.* hord *Schatz*, *Hort)*. huss-putt *gekochtes Fleisch in kleinen Stücken*, ndl. hotsen hotzen *stossen*, hutsen *hin und wieder schütteln*, huts-pot *Fleisch in kleinen Stückchen, mit Rüben, Kohl und Wurzeln gekocht*, frz. hoche-pot *Fleischragout mit Rüben u. s. w.* Ferner ndd. haks un plũks *Gehacktes und Gepflücktes, mannigfaches Gemüse. Wie nahe diese Formen liegen, so scheint doch das Französische einzuwirken:* haché poché; hatchee a dish of minced meat Hall. pochee a dish in ancient cookery consisting principally of poached eggs Hall. *Vgl. S.* 80 *s. v.* hauchee-pauchee.

Hogan-mogan *Titel der Staaten von Holland;* *Holländer* Wh. hoghan-moghan *indianisches Götzenbild* Hudibr. — ndl. hoog-moogende *Hochmächtige, Ehrenbenennung der holländischen Generalstaaten.*

Holsie-polsie *jede Mischung von Futter, wie Spülicht u. s. w.* = jossel Teviotd. Jam. jussel Hall. *also von lat.* frz. jus, *nc.* juice; hol *ganz* Hall. *oder* hol-sum *von ags.* hâl *ganz, gesund, heil oder* wal. hwylus (orderly).

Holus-bolus *auf einmal, zugleich* Linc. = nolus-bolus.

Homelty-jomelty *plump, unbeholfen und verlegen* Jam. — humble, homing *lächerlich* Westm. ndd. humpelen *hinken*, ndl. hompelen *stolpern, hinken;* jombre Ch. to jumble *durch einander rütteln*, jumblement *Verwirrung* N.

Hom-som whole-some, agreeable Hall. hal-sum Gaw. hol-sum Lydgate.

Hoopoop *Wiedehopf* — ndd. puvagel *nach Laut oder Schmutz genannt; in letzterer Beziehung* ndl. kak-haan. *Vogelruf* huppuppup, *daher* ndd. huppupp *oder* wuppupp, *span.* putput, *frz.* pupue, puput, *it.* bubbola; *ahd.* witu-hoffa *Wald-hüpfer.*

Horrel-lorrel a blusterer Wh. *vielleicht mehr* ribald horell horeling an adulterer *oder* hore (hoary, aged, grey); lorel *nichtswürdiger Mensch* Hall. *Vgl. gäl.* loir (to roll in the mire), loireanach (a bespattered dirty little fellow), luiriste (a good-for-nothing fellow).

Hot-pot *ein warmes Getränk aus Bier und Spirituosen* EA. hot, pot.

Houncy-jouncy *unbeholfen, täppisch* EA. jounce to bounce and jolt EA. ?shake — *ndd.* bunnen bunjen *sich unverschämt und gemein aufführen, hene verworfen, schlecht* Hall. *ags.* heán *niedrig, armselig,* henan hynan *erniedrigen.*

How-row Cr. hoo-roo Warw. *Lärm, Tumult* — how hoo *Jagdruf:* rout *Auflauf, Verwirrung, afrz.* rote route.

How-strow *verwirrt* Cumb. — strow *Verwirrung* Cornw. *zerstreut* Nares, to strow strew, straw *Streu, Stroh;* dän. strö *Streu,* straa *Halm, Stroh,* schw. strö stra, *ndd.* stroo; — how *könnte* halm sein: *Holmstroh, Halmstreu, Halmen zerstreut.*

Howk-chowk *ein Geräusch machen, wie wenn man durch tiefen Schmutz geht* Bff's. — hox *im Gehen die Füsse schleppen und die Knöchel an einander schlagen* Glouc. hoxy *schmutzig* South. s. huck-muck; — chocke *stossen, hindurchgehen* Hall. *frz.* choc, choquer. *Vgl. ndd.* schukken schokken to shake, *ags.* scacan sceacan *schütteln.*

Hub-bub *Geschrei, Lärm* Sp. Hudibr. Milt. — *vielleicht aus Verdoppelung von* hoop *(Ruf, Schrei) entstanden. Vgl.* huppup *kleine Pfeife von Weidenbast, nach ihrem Tone genannt.* thür. hoppen.

Hubble-bubble *Tabakspfeife, eine Art* hookah Wh. *also Verstümmelung; ferner Poltern im Sprechen, ein Polterer, der die Worte ungleich und schnell ausspricht* Wh. — *ags.* hoppan to hop *ndd.* huppen *und* bubble s. § 83.

Huck-muck *winziges Männchen* Exm. *Zwerg* West. — *ndd.* hukken *niederhocken, sich auf die Fersen setzen, ndd.* hokken; muckle *verwirren* EA. muckle down *sich bücken* Dev. *ndd.* ene lütje mikke *kleines Kind von zarten Gliedern und schwächlichem Aussehen.*

Huck-muck *herauf bis an die Knöchel im Schmutz; schmutzig* Dors. hock hough *Knickehle, ags.* höh hö, *afries.* hoxene hoxne.

ndd. hakke *Ferse*, hekse *hexe* hesse *starke Sehne hinten am Fusse, Knöchel; altn.* myki, *dän.* mög *Dünger, Mist.*

Huck-muck *geflochtener Durchschlag vor dem Zapfen des Maischfasses* Som. Wilts. mock ground fruit Dev. muk mul (pulvis) PParv. *Sollte* muk *sich aus ags.* mûcg *(Haufe) entwickelt haben,* mûcg-wyrt, mugworde moderworte PParv. *ndd.* muggert *(Beifuss,* artemisia)? — huck *vielleicht aus* hold *entstanden:* hold-muck.

Huckle-duckle *leichtfertiges Weib* Hall. — *wohl nicht* duck *Ente, sondern* dock *Stumpfschwanz eines Thiers, Baumstamm u. s. w.* futuere; docksy (fundament) EA. doccy doxy a mistress, strumpet, Hall. a sweetheart, in an innocent sense N. *ndd.* dokke *Puppe, Püppchen;* — hug to crouch up in one's bed for cold Palsgr. *ndd.* hukken *s. o. Aber vgl. wal.* hocrell (girl, wench).

Hudge-mudge *heimlich* Cr. *Flüstern; leise sprechen* Bffs. = hudge Bffs. *wahrscheinlich aus* hush! *und ndd.* mustern (mussitare) *flüstern.*

Huff-puff *poltern, toben* Wh. *s.* § 86.

Huff-snuff *Prahlhans* Hall. *heftig, grosssprecherisch* Florio — *ndd.* snuven *schnauben, vor Zorn; trotzig reden, isl.* snubba.

Huffle-scuffle *(Gelage) Lärm* Wh. — huffle *Gelage* Kent;. scuffle *balgen, zanken, ags.* scûfan to shove, *ndd.* schuven, *ndl.* schuiven *schieben; schw.* skuffa, *dän.* skuppe *schuppen.*

Hugger-mugger Sh. (huggrie-muggrie Sc.) *heimlich, versteckt; verwirrt, armselig* (hug-mug NHampt.); hugger-mugger *Verwirrung* Cr. hugger-muggering *confus oder unredlich handelnd* Brock. hug huggle *sich einhüllen, verwirren* Hall. huggering *im Hinterhalte liegend* Hall. *ndd.* hukken *niederhocken;* — *schw.* i mjugg *insgeheim, heimlich, dän.* i smug.

Hullie-bullie = halloo-balloo Jam. *vgl. S.* 70 — *schw.* huller om buller *unordentlich durch einander; ndd.* buldern bullern *poltern,* hulterdepulter *Hals über Kopf, ndl.* holderdebolder, *nhd.* holterdiepolter.

Hum-drum *dumme, schwerfällige, langweilige Person oder Sache; dumm, schwerfällig, s.* § 17.

Hum-strum *ungeschickt s.* § 17.

Hummel-drummel *mürrisch und schweigsam s.* § 17.

Humpty-dumpty *kurz und dick, Sache und Person* Wh. NHampt. Cr. — hump *Buckel,* humpty *bucklig ? ndd.* hümpel *Haufe;* — dumpy *kurz und dick* Var. dumpty *kleine Person* West.

dumpling *dicker Zwerg, Kloss. Vgl. wal.* twmp (*nc.* tump) *kleiner Hügel,* twmpau (bulky one); *gäl.* domhail dumhail (bulky).
Humpy-grumpy *aus Kränklichkeit klagend* NHampt. — hump *to* growl, grumble EA. *s.* hum § 17; drumble, *wal.* grwm (murmur, growl).
Hurdy-durdy *Lärm, Getümmel,* hurdum-durdum, hirdum-dirdum *Verwirrung* Wh. — *s.* dirdum-dardum hurly *Lärm* Sh. hurl *brausen, wie der Wind* Hall.
Hurdy-gurdy *musikalisches Instrument.* Wheatly *hält* gurdy *für verstümmeltes ital.* ghironda *(gleicher Bedeutung), dem* hurdy *beigefügt ist.*
Huckle-duckle *im Bette liegen, faulenzen; Faulheit u. s. w.* Fife — hurkle *einen krummen Buckel machen* Hall. *zusammengekrümmt liegen, wie ein Hund im Schlafe* Sc. *ndd.* hurken *hocken, niederhocken; — isl.* dûr *Schläfchen,* dûra *schlafen.*
Hurly-burly *Aufregung, Geschäftigkeit, Lärm, Verwirrung; lärmend, verwirrt, lärmen* Wh. hurry-burry *Lärm, Verwirrung* Jam. *eilig, geschäftig, verwirrt* NHampt. Cr. — *frz.* hurluberlu *unbesonnener Mensch, Hans Tapps. Es wirken ein* hurry *eilen, schw.* hurra *schwirren;* burry *s.* § 42.
Hurry-skurry *Aufruhr, Unruhe* Jam. *grosse Eile* Wh. — scurry to scour in pursuit EA. *weg eilen* Hall. *ndd.* schurren schirren *durch Scharren ein Geräusch machen.*
Hush-mush *verwirrt* Jam. husche-musche *grosse Verwirrung; in grosse Verwirrung, Verlegenheit, besonders Geldverlegenheit bringen* Bffs. — *ndd.* hüschen *hin und her bewegen, schütteln;* huss, to buzz, husle *mit Geräusch fortschieben* Hall.; mush *nach und nach verbrauchen* Bffs. *ndd.* mussen *in kleinen Bissen verzehren;* mush anything mashed Lane.
Hush-mush *geheimes Gespräch* Bffs. *s.* hudge-mudge.
Hushel-bushel *Aufruhr* Wh. hussle-bussle *Verwirrung* Sc. — *ndl.* hosse-bossen *Stossen. Schaukeln eines Wagens; aber ndd.* husse-busse *dient zum Einschläfern eines Kindes. Ne.* hurry *und* busy *reichen zur Erklärung aus.*
Hutie-cuittie *reichlicher Trunk berauschenden Getränks* Roxb. — cuittie *Mass für Flüssigkeiten* Jam.; *frz.* huit, huitaine *Zeit von acht Tagen, also ein Mass auf acht Tage; oder* hutter *verwirrt sprechen* N. *wal.* hutan (*waf,* dotterel) *Mass, das trunken macht.*

Hynd-wynd *gerade aus, auf dem nächsten Weg, oft mit dem Nebenbegriff des Verbotenen* Jam. — ? behind the wind.

Izey-tizey *Ungewissheit* Dev. — ? *wal.* is (low), twys (top). — ? Ise (I shall) N. *wal.* dis (not, un-), di (without).

Jookery-cookery *(wohl zuerst feinere Kochkunst, dann) kunstvolle Führung* Jam. — to juggle *Kunststücke machen*, ioglyn PParv. *afrz.* jogler, *nfrz.* jongler, *lat.* joculari.

Joukerey-paukerey *Kunstgriff* Brock. *Schelmerei*, *Gaukelspiel* Sc. joukry-pawkry Jam. — juggle; paukie *schlau, verschmitzt* Sc. pawk *täppisch umher werfen*, pawky *Tölpel* Suff.

Kebbie-lebbie *Streit, Wortwechsel* Jam. kabbie-labbie *streiten* Bffs. — *ndd.* labben, *ndl.* laffen *plaudern gehen; ndd.* kabbeln kibbeln *zanken, hadern s.* gabble.

Keckle-meckle *schlechtes Metall* Derb. *vielleicht Uebertragung von* cag-mag *auf Erze s.* S. 75. Oder *gäl.* cog to jib, to jeer und metal, *also Metall, das des suchenden Bergmanns spottet. Auch in der Bedeutung: vorwitzige junge Frau* Cr. *kann* cag-mag *zu Grunde liegen.*

Kerley-merley *Flitter* Jam. marlock *Festlichkeit, Spiel* N. *vielleicht aus ags.* merh *froh*, lâc *Spiel;* kerley *könnte gross, stark bezeichnen, als Ableitung von ags.* carl *(Mann).* Wheatly *vermuthet in* kerley-merley *Entstellung aus* tirly-wirly.

Kicksy-wicksy *scherzhafter Ausdruck für Unruhe, Ungewissceit* Wh. *verächtlicher Ausdruck für Frau* == kicky-wicky Sc. — *Jenes ist aus ags.* cwic *entstanden, daher* quick, kick kickish *(reizbar)* N. kickle *(unbeständig)* keckle Lanc. keck (to be port) Lanc. whick wick *(lebendig)* N. *Bei der Bezeichnung von Frauen may ags.* wicce *a witch mit gewirkt haben.*

Lake-wake, lyke-wake Ch. *Wache an der Leiche vor dem Begräbniss.* Brock. — *ags.* lic *Leib, Leiche und* wæcce *Wache.*

Lap-clap a loud kiss Dev. lip-clip Hall *s.* §§ 74. 80. 81.

Mack-lack *rasselnd* Jam. — lacky *stark schlagen* Dev. lauk N. *wal.* llachio to cudgel, beat. *Daher:* ? make-lack *Lärmmacher.*

Mubble-fubbles, to be in — *ohne Ursache in gedrückter Stimmung sein* Hall. — mumps *schlechte Laune*, mop *schiefes Maul; Gesichter schneiden:* mob *schelten* York. *ndl.* moppen *murren, missvergnügt sein;* — fob *Betrug,* foppe *Thor* PParv.

Namby-pamby anything childishly pretty or effeminate. Wheatly sicht in namby *die Entstellung aus* Ambroso (Phillips, *dem Popo und seine Freunde jenen Namen gaben) und in* pamby *die lautliche Ergänzung. Doch hat man bei letzterem vielleicht an* pample, to toddle *gedacht*, *ndd.* bammeln § 16.

Nilly-willy NHampt. nildy-wildy Norf. nilder-nalder Cl. *unentschieden, schwankend — sind entstanden aus* nill (ne will) yo, will yo; nill he, will he; nilled he, willed he. *Die Form in* Cloveland *weist auf* willo *und altnordhumbrisches* walla walla (*wollen*) *hin*.

Niminy-piminy *geziert, nett oder schön* Wh. — nim *trippeln* Brock. nymel nimble MArthure *(ndd.* nimig *klug, witzig, aufmerksam auf Alles); frz.* pimpant *herausgeputzt*, *Stutzer.*

Nipperty-tipperty *leicht, unbeständig (Person); schnell (Rhythmus)* Jam. — *ndd.* nip *scharf*, *wohl von* nibbe, *nc.* nib; nibble *Finger bewegen, fummeln* Baret. 1580; nib *hastig ergreifen* York. s. hippertie-tippertie *S*. 82.

Niz-priz *entstellt aus* nisi prius = hizy-prizy Cr.

Nolus-bolus *entstellt aus* nolens-volens.

Othem-upothem *kalter Haferbrei* Jam. — *ags.* äte, *altnordh.* äta äto *nc.* oat.

Pack-wack s. § 116.

Pail-mail, pall-mall *Ballspiel, in welchem der Ball mit einem Hammer durch einen Eisenring geschlagen wird; der Hammer selbst; der Spielplatz in St. James' Park* Wh. — *it.* palamaglio Florio.

Pain-main *feines Brod* Linc. payn-wayn Wr. 198 — *frz.* pain; *wal.* man (small, fine) — waint (quaint, extraordinary) N. Cumb.

Pee-dee *Schiffsjunge*. pee-dees *die Knaben, die am Wagen des High-Sheriff gehen* Brock. — *entstellt aus* pedis-sequants Hall. *lat.* pedisequus.

Pee-wee *kränkelnd und klagend* EA. — *wohl weniger Entstellung aus* peevish *als aus* peak (to whine) *und* weep; *aber* pee-wie (to peak and whine), week (to squeak, to whine) EA.

Peerie-weerie *langsam fliessender Fluss* Ayrs. peerie *in einem kleinen Strome laufen wie durch eine Röhre* Se. == to purl. *ndl.* borrelen *sprudeln, aufwallen;* peer to pour out Oxon. were a pool of water N. ? *wal.* wyre (spreading, expanse).

Peerie-weerie *geheimnissvolle, verborgene Person* Wh. weer ghastly EA. weird *Geschick* Sc. *ags.* wyrd; peery inquisitive suspicious Hall. *s. u.*

Peerie-weerie *blinzelnd* Ayrs. — peer to peep Sh. = tweer twire Hall.

Peerie-weerie *sehr klein* Wh. — peer tender, thin, delicate Linc. wearish small, weak, shrunk Hall. wee *sehr klein* Sc.

Pell-mell *verwirrt* Sh. — *frz.* pêle-mêle, *afrz.* pesle-mesle.

Pic-nic pick-nick *gemeinsame Lustpartie; eine solche machen* Wh. — *frz.* pique-nique *wohl von ndd.* pikken *und* nikken *picken und nicken, d. i. gemeinschaftlich essen, vielleicht von den Hühnern hergenommen.*

Piney-whiney *aus Kränklichkeit klagend, mürrisch* = whinypiny NHampt. — to pine, to whine.

Pinky-winky *eng, mit halb geschlossenen Augen* Hall. Cr. — pink *klein*. pinkeyed *kleinäugig, ndl.* pink pinkje *kleiner Finger*, pinkoog *der blinzelt*, pink-oogen *die Augen halb schliessen;* — *ags.* wincian *die Augen schliessen, ndl.* winken wenken *mit Auge oder Hand winken.*

Poolly-woolly *bezeichnet den Ruf des Brachvogels·* (curlew), *wie* peet-weet *den des Strandläufers* (sand-piper, sand-lark) Jam.

Quavery-mavery *unentschieden, bedenklich* EA.— quave PP. Derby to quaver, *ndd.* quabbeln wabbeln *schlottern, beben, zittern, wie ein fetter Körper bei leichter Berührung;* maffle stottern N.

Quhilly-billy *bezeichnet den Laut beim Husten* Jam.

Rags-jags *Lappen, Lumpen* Wh. — jag *Stück, Kerbe, Zacke* Hall. *ndd.* zikken *hacken, in kleine Späne hauen; vgl. unten* tag-rag.

Ram-stam *vorwitzig, unbesonnen* Sc. Rob. *vorwitzige Person* Ayrs. *wild* Wright, *stärkstes Hausbier* Clydes. *in Aufschen erregender Weise einherschreiten* Bffs. (= stam-ram) — to ramble rame York. *oder* ramp romp *Wildfang oder* ram *der voranschreitende Schafbock, ndl.* rammelen (tumultuari, murmurare); — stam *verwirren* EA. stammer *taumeln, wanken* Sc. to stumble.

Ram-tam precipitately Roxb. — *ndd.* tümeln tummeln *taumeln oder altn.* tumba *hinfallen* to tumble, *oder* down?

Randy-dandy *leidenschaftliches zänkisches Weib* N. ranty-tanty *leidenschaftlich* N. randie *unruhig, lärmend; schelten, zanken;*

gudringlicher Bettler, versoffenes Weib Sc. *ndl.* randen randten delirare, insanire; *gäl.* ran (a dissonant cry, to roar) — tanter zanken N. *oder eher* dandilly *Liebling, gewöhnlich von Frauen oder Mädchen, die allzusehr verzärtelt werden oder zu viel aus sich machen* Sc. *frz.* dandiner.

Ran-tan *trunken; Trunk* Wh. *tüchtig schlagen* Glouc. — rant *trinken, lärmen,* ranter *grosser Bierkrug* Hall. — tan *schlagen* Hall. tank *Schlag* Warw. tantara *Lärm, früher Trommelschlag* Hall.

Rantum-scantum *gegenseitiges Schimpfen* Wh. — scan *schelten* Dev. shan *wild* Linc. *wohl von ags.* scandu *Schande*, scendan *schänden;* rant *s. vorhergehendes Wort.*

Ranty-tanty *ein Unkraut im Korn mit röthlichem Laub* Ritson, *breitblättriger Sauerampfer* Renfrews.

Rat-tat, rat-a-tap *Doppelschlag an der Thüre* NHampt. ratan *Pulsschlag* Sc. *s.* § 99.

Robble-bobble *Kanone* Wh. bobble *s.* § 80 robble *aus* roar.

Robble-hobble *Donner* Wh. — *ndl.* hobbel-tobbel tumultuarie. *Vgl. wal.* hwp push, hwpiol pushing.

Roly-poly *ein Pudding und* a roly-poly pudding Wh. — to roll, pole. *Dann auch gemeine Person* Linc.

Roly-poly the game of roulette Wh. — roll, ball. *? Daher* roly-poly stairs *Tretmühle* Wh.

Rory-tory *in lebhaften Farben, glänzend* Devon. — *wal.* toroni to deck out; *? schreiende Farben.*

Row-dow *Sperling* NHampt. — row *Hecke,* dow = dove Hall. *ndd.* duve, *ags.* dûfe *Taube.*

Royster-doyster *Prahler, Lärmer* Wh. — roist *lärmen, prahlen.* roister *roh sein, sich herum balgen* Hall. *afrz.* ruiste, *lat.* rusticus; dust *Lärm* Hall. *afries.* dust dash, smite; *isl.* dusta *schlagen.*

Rowdy-dow a hubbub Wr. rowdy-dowdy *lärmende Person* Wh. — row *Lärm* Hall. route schnarchen, brüllen. *altn.* rauta ryta *brüllen.*

Rumble-tumble *alter schwerfälliger Wagen* NHampt. *Postkutsche* Grose. *Sitz hinten auf dem Wagen* (= rumble); *verwirrte Masse s.* § 23.

Scaff-raff *Ausschuss, Abfall* = riff-raff Jam. *Gesindel* Sc. — shaff chaff Hall. *und* scufflings *Holzabfälle* EA. *und schw.* skaf *Schabsel;* raff *s.* § 65.

Scurrie-whurrie *s.* hurry-skurry *S.* 87.

Shag-bag Hall., shag-rag *schäbiger Mensch* Cotgr. shag *rough hair* Dev. shag *zottig von* schw. skägg *Bart, Bartähnliches, steife Haare an der untern Kinnlade der Vögel;* bag, rag.

Shally-wally *Zeichen der Verachtung, Abneigung u. s. w.* Lonsd. Cr. *Unsinn* Lonsd. *seichter Kopf* Brock. *Letzteres erinnert zunächst an* shallow *und* wally *(hätscheln). Aber es ist wohl eher ndd.* schale schaller schaler *leichtfertiger Sänger, wandernder Leiermann, Reimsprecher. Possenreisser u. s. w., der nach ostfriesischem Rechte für Schimpf und Schaden nur halbe Genugthuung beanspruchen konnte. Das schwäbische Recht gestand noch weniger zu. Nach diesem hatte der beleidigte Schale das Recht, dem Schatten seines Feindes eine derbe Maulschelle zu versetzen.* altn. skald-r. *Neben* schale *steht wohl ndd.* wale *(ausländisch, fremd),* ags. wealh.

Sinnie-finnie *schwarzes Wasserhuhn. Man sicht es beim schlechtesten Wetter im Winter fischen* Jam. ?to sink and find; findsily *geschickt im Finden* Sc.

Skookin-leukin *von mürrischem Aussehen* Bffs. — to look; askew askue, *ndd.* schük *schräg.*

Tag-rag *Gesindel; gemein, zerrissen, verwirrt* Wh. — *ndd.* takke-busch *Buschwerk, das von den Bäumen abgehauen ist, also* takke *Zacke:* tag-rag *abgerissene Lumpen. Vgl. ndd.* rak *Gras, das auf stillem Wasser schwimmt und sich dem Schiffe anhängt;* schw. rakeri, dän. rageri *Abfall, Plunder.*

Tappy-lappy *eilig, mit fliegenden Rockschössen* Hall. Brock. — *ndd.* tappen to step; lap lappet *Rockschooss* Hall. *Doch ist zu beachten ndd.* lappe: *sich up de lappen geven sich schnell auf die (Schuh) Sohlen machen;* ik will di jagen, de lappen schölt di entfallen.

Teeny-weeny *klein* Wh. tiny-winy Lonsd. — teeny *sehr klein* N. tine *kurzer Zeitraum* Hall. *von* thin thienne *schmal, klein* Hall. dän. tynd; — ags. wänian *beklagen,* wæne *Elend* Layamon. *Daher wahrscheinlich* wänig wænig (got. vainah-s), *uhh.* weinag wênag, *mhd.* wênec *bereinenswerth, unglücklich, elend; gering, klein, wenig;* weean *Kind und* wee *klein* Sc.

Teery-lerry *Gesang der Lerche* Hall. = tirra-lirra Wh. tyrlytyrlowe Skelton. terry-rerry *Gesang der Amsel* Wh. lyribliring

zwitschernd Hall. — *ndd.* tierlier. tierliren. *nhd.* tirili, *frz.*
tire-lire.

Ticksy-wicksy *kleines Kind* Wh. — tickle *schwankend, lotterig*
Hall.. ? *quick*.

Tilly-willy *Zeug aus Wolle und Baumwolle* NHampt. *dänn,
leicht* = twilly-willy — tweel Sc. *Zwilch*, *ndl.* zwilg zwilk. *ndd.*
twillen *verdoppeln*: ? wool, woo woll Sc.

Tirr-wirr, tirrie-wirlie, tirly-wirly *s.* § 41.

Tit-bit *Leckerbissen* Johns. — tit *klein,* bit.

Tol-lol *so so, ziemlich wohl* NHampt. — tolerable; lol *laut-
liche Ergänzung; oder ndl.* lul, lol *rhythmischer Wohllaut:*
lullen.

Toot-moot *Gemurmel*, muttering Jam. tut-mute Aberd. teut-
ment *leise Unterhaltung*: *leise*; *sich leise unterhalten* Blfs. — to
toot, tootling *Geräusch*, *das die Zunge beim Flötenblasen macht*
NHampt. *s.* § 90).

Tory-rory *einer, der lärmt, prahlt; lärmend, prahlend* Wh. —
to roar: *isl. untrennbare Part.* tor - *(schwer) wird bei* Orm.
trennbar in der Bedeutung hard, difficult.

Tow-row *Geld, das Lastträger denen zahlen, die ihnen Arbeit
verschaffen* Hall. EA. — *Hängt es zusammen mit der Phrase:*
to take one in tow *Jemand ins Schlepptau nehmen, fördern? Oder
mit:* to give a Rowland for an Oliver *mit gleicher Münze (im
Aufschneiden) bezahlen? Ferner wal.* rhoi geben, tål *Zahlung,
Belohnung.*

Tow-row *schmutzige Orte ausfegen* NHampt. — tout the back-
side Ch. 3810 (= *dän.* röv) towel Hall. *und* row to rake or stir
about N.

Tozy-mozy *trunken* Wh. — to toss *hin und her werfen*, toss-
pot *Trinker* Hall. *von wal.* tos (quick jerk), tosio (to jerk); —
muzzy *halb trunken* Hall., muzzle *stark trinken* Linc. mozil *Becher
beim Abschied* Dev. *Obgleich letztere Ausdrücke mit* mouth (muzzle)
und mouse (as drunk as a mouse) *in Verbindung gebracht werden
können, so ist doch nicht ausser Acht zu lassen gäl.* misg (drun-
kenness), misgeach (intoxicated), misgear (drunkard).

Trolly-lolly *grobe Spitzen* Grose — troll *in die Runde gehen,
gehen lassen, wal.* trolio to roll, to trundle, *frz.* trauler tröler,
ndd. trulen *rollen.* troll *gross in* troll-birn, troll-maul, trulte *über-*

haupt für den Begriff des Ungeschickten und Plumpen; lollock *grosses Kind* N.

Tulie-mulie *Zank* Jam. tulzie-mulzie *zanken, Zank* Sc. — tole *zerreissen* Hall. tolter *streiten* Hall., *ndd.* tulen *zausen,* hulen un tulen *heulen und sich die Haare raufen;* mullie *brüllen* Suff.

Tuzzy-muzzy *Strauss* Florio, tusmose l'Parv. tutty *Blumenstrauss* Dors. *ndd.* tuitje, *wal.* twff; tus (what is wrapped, whisp), tusw (a whisp, bunch) *und* mwswg mwswn (moss); *gäl.* dos (a plume, tuft, tassel, bush).

Tuzzy-muzzy *zerreissen, unordentlich* Wh. — touzi tozie *rauh, zottig* Sc., *ne.* touse, *ndd.* tuseln *zausen;* muzzle *aufwühlen, wie Schweine mit der Schnauze.*

Whister-clister *Schlag* West. — whisk *Schlag* Sc. *s.* § 55 *und S.* 70; *oder ndd.* wips swipp! *schnell! schwupp!* clash *s.* § 64.

Whister-twister *tüchtiger Schlag an die Seite des Kopfes, Ohrfeige; ags.* þweorh þweor þwir *quer. ne.* thwert, *ndd.* dwars dwas, *ndd.* dwars dwers, dwars-slag *Schlag mit umgekehrter Hand.*

Whurlie-birlie *s.* § 41.

Willy-nilly *s.* nilly-willy *S.* 89.

Wisky-frisky *lustig* Wh. — whisk *wischen, sich schnell herum drehen, bewegen;* frisk *hüpfen, springen; gesund; dän.* frisk *frisch, gesund, wirbelnd und hüpfend.*